KB167159

영화로 보는 미국 할리우드 영화의 문화적 의미

차례

Contents

왜, 미국문화인가

미국은 과연 어떤 나라인가? 우리는 흔히 미국을 잘 안다고 생각하기 쉽다. 어려서부터 미국영어와 미국문화에 노출되어 있고, 미국문화의 영향이 우리 사회의 도처에 스며있기 때문이다. 과연 미국은 한국인들이 가장 많이 방문하는 나라이고, 다섯 집 중 한 집이 미국에 친척이 살고 있거나 자녀들을 유학 보내고 있으며, 대학 역시 미국박사들로 넘쳐나고 있다.

그러나 미국을 잘 안다고 생각하는 것과 미국을 정말 잘 아는 것 사이에는 엄청난 차이가 있다. 미국에 아무리 오래 살았어도 한국인들끼리만 어울리다 돌아왔다면 그 사람은 미국을 잘 안다고 할 수 없을 것이고, 비록 체류가 짧았어도 미국사회의 핵심에서 미국인들과 더불어 살다가 왔다면 그 사람은 미국을 잘 안다고 할 수 있을 것이다. 미국을 잘 알기 위해서는 우선 미국에서 직장을 갖고 직접 미국인들과 어울리며 미국문화를 체득하거나, 아니면 미국문화를 학문의 대상으로 삼아 오랫동안 공부하는 것이 바람직하다. 잠시 체류하는 동안 제한된 범위 내에서 체험하고 목도한 미국문화는 자칫 표피적 인상에 머무를 위험이 있기 때문이다. 우리가 미국을 잘 안다고 생각하는데도 불구하고, 한미 간에 문화적 오해가 자주 발생하는 것도 바로 그런 이유에서이다.

예컨대, 미국에서는 운전자가 술을 마셨거나 마약을 했더라도 살인의도가 없이 사람을 죽였다면 형사처벌이 되지 않는다. 미국문화에서는 미리 계획(premeditated)되었거나 의도적인 사건은 크게 처벌하지만, 고의성이 없는 우발적 사고(accident)에는 관대하기 때문이다. 그러나 한국에서는 피해자가 사망했을 경우에 운전자는 형사처벌 대상이 된다. 그리고 비록 보행자의 잘못이 있었다고 해도, 모든 사고의 책임은 주로 운전자가 지게 된다. 이러한 문화적 차이를 모르면, 두 나라가 개입된 교통사고 발생시 한미 간의 갈등과 충돌은 심화될 수밖에 없다.

한미 간의 문화적 차이를 말할 때 우선 확연히 드러나는 것은 사농공상의 전통 속에서 상업을 천시했던 한국과는 달리, 미국은 기본적으로 상업주의 국가라는 점이다. 문화비평가 레슬리 피들러(Leslie A. Fiedler)의 말대로, 미국은 나라의 건국 이유부터가 상업주의적이다. 미국 독립전쟁의 도화선이 되었던

'보스턴 차(茶) 사건'이라는 것이 다름아닌 영국과의 상업적 마찰로 인해 일어났기 때문이다. 그래서 영어의 수많은 일상표현들이 상업에서 유래된 것들이라는 사실은 전혀 놀랄 만한 일이 아니다.

상업정신이 투철한 나라 사람들은 모든 일에 이익 발생을 중요시해서 실리가 없는 일은 잘 하려들지 않는 단점이 있는 반면 신용과 약속 그리고 상도덕과 사회규약을 잘 지키는 장점도 있다. 우리 나라에서는 크게 문제시되지 않는 신용불량이나 거짓말이 영미문화에서는 심각한 비난의 대상이 되는 것도 바로 그런 맥락에서이다. 비즈니스에서 신용불량이나 거짓말은 치명적이기 때문이다. 반면, 우리는 실리보다는 명분이나 체면을 더 중시한다. 그래서 우리는 명분과 체면만 서면, 꼭 실리를 따지지 않고도 어떤 일을 한다.

또 하나 중요한 한미 간의 문화적 차이는 고급문화와 대중문화에 대한 관념이다. 전통적으로 양반문화가 지배문화였고 중인문화가 부재했던 한국의 경우와는 달리, 미국은 대중문화가 주종을 이루는 나라다. 그러므로 우리는 대중문화를 저급한 것으로 생각하는 경향이 있는 반면, 미국인들에게 대중문화는 자기들의 삶 그 자체가 된다. 유럽과 달리, 미국에는 소수의 특권층만 향유하는 문화란 존재하지 않는다. 예컨대 영국의 옥스퍼드나 케임브리지 같은 대학들이 기본적으로 귀족자제들을 위한 교육기관이었던 것과는 달리, 미국은 주립대학 제도를 만들어 그 주의 주민들은 모두 재정적 부담 없이 고등

교육을 받도록 대학을 개방하고 있다. 또 미국은 슈퍼마켓을 만들어 누구나 그곳에서 모든 상품을 살 수 있도록 만들었으며, 최초로 슈퍼마켓에 책을 진열하고 판매한 나라로 알려져 있다. 영국에서는 귀족들의 여흥인 사냥 역시 미국에서는 노동자 계급을 포함한 모든 사람이 즐기도록 개방했으며, 영국에서는 영주들의 소유인 잔디밭 역시 미국에서는 누구나 다 갖도록 만들었다.

대중문화는 필연적으로 상업적일 수밖에 없다. 미국인들이 외국에서 수입해 대중화시켜 전세계에 수출하고 있는 피자, 햄버거, 핫도그 그리고 음악과 SF는 그 대표적인 예가 된다. 이태리에서 수입한 피자, 독일에서 들여온 햄버거와 핫도그, 영국에서 가져온 SF 그리고 아프리카에 뿌리를 둔 재즈를 미국인들은 누구나 접근해 즐길 수 있는 대중문화 상품으로 바꾸어 전세계에 되팔고 있다. 문화비평가들은 바로 그 친근한 대중성 때문에 미국식 피자나 맥도널드가, 또 미국의 영화나 팝뮤직이 막강한 호소력을 갖고 전세계로 퍼져나가는 것이라고 말한다. 그래서 문화비평가들은 미국의 대중문화에는 모든 사람이 좋아하는 민주적이고 평등한 '아메리칸 드림'이 깃들어 있다고 말한다.

이 외에도 한미문화의 차이에는 중요한 것이 많다. 예컨대 한국은 충·효·예가 사회의 근본이 되는 반면, 미국은 자유·정의·평등이 사회의 근간이 되고 있다. 그래서 한국사회는 충·효·예가 무너지면 혼란이 오고, 미국사회는 자유·정의·평등이 무너

지면 혼란이 온다고 한다. 비록 현실에서는 그것들이 제대로 실천되지 못할지라도, 두 나라 모두 그 이념들을 존중하는 것은 사실이다. 또 한국은 단일민족/단일문화라는 사실에 자부심을 갖는 반면, 미국은 다인종/다문화 사회라는 점을 자랑한다.

또 다른 차이는 법과 규정에서 드러난다. 예컨대 한국이 모든 것을 법으로 통제하고 규제하는 국가 중심의 사회라면, 미국은 기본적인 것만 정해놓고 나머지는 자율적인 판단에 맡기는 개인 중심의 사회라고 할 수 있다. 예를 들면, 우리는 유턴이나 좌회전을 하라고 표시해놓은 곳 외에는 절대 못하게 되어 있는데 반해, 미국은 하지 말라는 표시가 있는 장소 외에는 어디에서나 마음대로 유턴이나 좌회전을 할 수 있다. 그러다가 부주의로 사고가 나면 그건 그 개인의 책임으로, 미국사회는 철저하게 개인의 책임과 자율에 모든 것을 맡기고 있다.

또 한국문화에서는 표정이나 미소나 눈치로 의사표시를 하고 또 상대방의 의중을 짐작하기 때문에 굳이 말로 표현할 필요가 없지만, 미국문화는 '언어표현 문화(verbal culture)'이기 때문에 아무리 친한 사이라 해도 상대방에 대한 감사나 사과나 애정을 꼭 말이나 글로 표시해야만 한다. 그러므로 말이 따르지 않는 미소는 미국인들에게 쉽게 오해를 불러일으킨다.

또한 미국은 자본주의 이념에 따라 철저한 계급사회를 이루고 있는데 반해, 한국은 초법적인 특권층이 존재하면서도 계급은 별로 인정하지 않는 평등주의 또는 균점주의 사회라고 할 수 있다. 예컨대 한국인들은 대다수가 스스로를 중산층이라고 생각하고 있으며, 부자나 특권층의 존재를 인정하려 하지 않는다. 유독 한국에서만 아파트가 인기인 이유도 모두가 똑같은 형태의 주거공간에서 살 수 있기 때문이라고 한다. 아파트 평수가 문제가 되겠지만, 이 역시 같은 아파트 단지에 여러 평수를 의무적으로 짓도록 만들어 부자와 빈자가 뒤섞여 사는 한국 특유의 희한한 현상이 일어나기도 한다. 그러나 미국은 부자동네와 빈자동네가 구별되어 있어서, 어느 도시에나 '슬럼'이라고 불리는 빈민가가 존재한다.

우리가 흔히 범하는 또 하나의 오류는 미국을 단일한 문화권의 단일국가라고 생각하는 것이다. 그러나 미국은 한국과 달리 자치권을 가진 각 주로 이루어진 합중국이고, 각 주마다 법이 다르며 이주 주민의 배경이 다르다. 예컨대 동북부 뉴잉글랜드 지방에는 서유럽 이주민들이, 그리고 중서부에는 북유럽 이주민들이 살고 있으며, 펜실베이니아 주는 독일계 이민자들이 많이 정착해 살고 있다. 또한 캘리포니아 주에는 멕시코계와 아시아계 이민들이, 유타 주에는 주로 동부에서 이주해간 모르몬교도들(주로 북유럽계임)이 살고 있다. 또 각 주는 토머스 제퍼슨의 정신에 따라 최대한 연방정부의 간섭을 적게 받으며 독립국가처럼 운영되고 있다.

그것은 곧 다양한 인종들이 다양한 문화를 이루며 살고 있는 미국을 마치 단일국가처럼 생각해 간단히 평가할 수 없다는 것을 의미한다. 사실 국민 전체가 정치에 초미의 관심을 갖고 있으며 모든 것이 정치와 긴밀한 연관을 갖고 있는 우리와는 달리, 미국은 정치와 그 이외의 것들이 확연히 구분되어 있고 보통 사람들은 정치에 별 관심이 없는 나라이다. 그러므로 부시 행정부의 해외정책이 마음에 들지 않는다고 해서 '미국' 자체를 비판하거나 미국인 전체를 미워하는 것은 마치 나무만 보고 숲은 보지 못하는 오류를 범하는 셈이 된다. 더욱이 맹목적인 반미는 자기네 정부에 대해 비판적이고 우리 편이 되어줄 수도 있는 미국 지식인들과 오피니언 리더들의 지지까지도 잃어버리는 결과를 초래하게 된다.

그래서 미국을 아는 지미(知美)는 그 어느 때보다도 지금 더 중요하다. 미국을 알면 세계가 보이기 때문이다. 냉전시대에는 공산주의로부터 자유진영을 보호하고 소련을 견제한다는 미국의 기능과 위상이 비교적 단순해 미국문화를 몰라도 별 문제가 없었다. 그러나 냉전이 끝나고 새롭게 개편되는 세계 질서 속에서 미국의 문화와 사회를 잘 아는 것은 한국의 미래와도 직결되는 중요한 사안이 되었다.

미국을 아는 방법은 많겠지만, 그 중에서도 가장 효과적이고 좋은 방법 중 하나는 미국영화를 이용하는 것이다. 영화는 매 시대의 사건과 삶의 여러 양태를 다 다루고 있기 때문에, 그 나라 사람들의 역사와 사회, 그리고 풍습과 특징을 다각도로 보여 주는 가장 이상적인 문화매체이다. 더구나 할리우드는 세계 영화의 중심지이고 해마다 수많은 영화들이 제작 및 배급되고 있어서, 미국문화를 다양하게 살펴볼 수 있는 풍성한 자료를 제공해주고 있다. 미국영화가 미국의 문화와 사회와 가치관을 가장 포괄적으로 배우고 이해할 수 있는 좋은 매체가 되는 이유도 바로 거기에 있다. 그렇다면 미국영화를 통해서 우리는 어떻게 당대의 미국문화와 사회상을 읽어낼 것인가? 또한 앤토니 이스트호프나 마이클 우드(Michael Wood) 같은 학자들은 영화가 문화와 사회를 반영하는 하나의 훌륭한 문화텍스트(cultural text)이자 사회문화(social document)라고 말한다. 그렇다면 미국영화를 통해서 우리는 어떻게 당대의 미국문화와 사회상을 읽어낼 것인가? 그리고 그러한 작업은 어떤 문예이론에 근거해 있는가? 또 미국의 문화와 사회는 미국영화 속에서 어떻게 재현되고 있으며, 영화 속에 인코딩(encoding)되어 있는 메시지들을 어떻게 찾아내어 디코딩(decoding)할 것인가? 지금부터 그러한 의문들에 대한 구체적 점검을 시작해보기로 한다.

미국영화에서 무엇을 읽을 것인가

오늘날 영화는 문학작품과 더불어 한 국가의 사회상과 한 민족의 집단심리, 그리고 한 시대의 문화를 읽어내는 중요한 문화 텍스트이자 가치 있는 사회문서로 인정받고 있다. 그래서 영화는 최근 활발하게 논의되고 있는 '문화연구(Cultural Studies)'와 '미디어 문화연구(Media Cultural Studies)'의 핵심에 자리잡고 있으며, 한 나라의 문화를 이해하는 데 필수적인 텍스트로 부상하게 되었다. 특히 대중문화가 주종을 이루는 미국의 경우, 미국영화는 매 시대 미국사회와 문화를 반영하는 거울의 역할을 충실하게 수행해오고 있다. 그러므로 극장에서 미국영화를 보면서 우리는 당대 미국사회의 정치적·사회적 문제들, 그리고 동시대 미국인들의 집단적 꿈이나 두려움과 조우하게 된다.

그런 맥락에서 미디어 문화연구는 모든 영화를 지배문화의 이데올로기와 헤게모니가 생산과 제작과 배급 과정에 간섭하는 정치적 매체로 본다. 그래서 미디어 문화연구자들은 아메리칸 드림의 구현이라고 널리 알려진 「록키」에 1970년대 중반, 유색인들의 사회적/경제적 신분상승을 바라보던 백인 하층민들의 좌절과 분노와 반격이 담겨있다고 바라보기도 한다. 꼭 그들의 견해에 동조하지는 않는다 해도 그리고 그들의 해석에 때로 억지논리가 들어있다고는 해도, 할리우드는 당대의 문예사조나 정치이념, 그리고 대중들의 집단 심리를 정확하고 재빨리 파악해 영화화하는 데 뛰어난 감각을 갖고 있다. 예컨대 집에 홀로 남겨진 아이들에 대한 맞벌이 부부들의 우려가 미국 사회의 첨예한 문제로 부상했을 때 할리우드는 「나 홀로 집에」를 만들어 대성공을 거두었고, 자연재해에 대한 두려움이나 세기말의 불안의식이 팽배하던 시기에는 「볼케이노」 「단테스 피크」(화산폭발) 「딥 임팩트」 「아마겟돈」(유성 충돌) 또는 「엔드 오브 데이즈」 「미디언」(기독교적 종말) 같은 영화들을 만들었으며, 인공두뇌학과 가상현실 그리고 인간복제가 사회적 관심사가 되었을 때에는 「터미네이터」나 「매트릭스」 또는 「멀티플리시티」나 「여섯 번째 날」을 제작해 흥행에 성공했다. 이러한 영화들에는 언제나 고독하게 홀로 사투를 벌여 가정과 사회, 지구를 구하는 전형적인 '미국의 영웅'들이 등장한다.

할리우드의 이와 같은 신속함의 근저에는 두 가지 이유가 자리잡고 있는데, 첫째는 부단히 새로운 주제와 소재를 탐색하는 진지한 작가정신 때문이고, 둘째는 돈을 벌기 위한 상업적인 목적 때문인 것으로 보인다. 존 트라볼타가 주연한「겟 쇼티」나 로버트 알트만 감독의「플레이어」가 풍자하고 있듯이, 할리우드는 깡패 같은 인간들과 철저한 상업주의에 의해 지배되고 있는지도 모른다. 그러나 그와 동시에 할리우드에는 나름대로의 특성과 투철한 작가 정신을 갖춘 명감독들, 노련한 연기력과 프로 정신으로 무장한 유명배우들 그리고 좋은 스크립트를 제공해주는 뛰어난 작가들도 있다. 그래서 거장 감독들과 유명배우들이 관객들을 감동시키는 세기의 명작들을 만들어내면, 제작사의 홍보팀이나 판촉팀들은 신속하고 광범위한 광고와 배급을 통해 막대한 돈을 거둬들인다. 할리우드에 대해 논하기 위해서는 우선 할리우드의 그와 같은 이중적 구조와 특성을 염두에 두어야만 할 것이다.

할리우드는 관객들에게 돈을 받고 꿈을 파는 곳이다. 관객들은 영화가 재미있고 감동을 주며 꿈을 심어주기 때문에 돈을 내고 극장에 간다. 존 설리반의 지적대로 할리우드를 지칭하는 '영화산업' '엔터테인먼트 산업' '쇼 비즈니스' 또는 '꿈의 공장'이라는 말은 두 가지 상반되는 단어로 이루어져 있다. 즉, 할리우드를 지칭하는 용어는 '영화'나 '엔터테인먼트', '쇼'나 '꿈' 같은 문화적 용어와 '산업'이나 '비즈니스'나 '공장' 같은 상업적 용어의 혼합으로 이루어져 있는데, 이는 곧 할리우드의 이중적 속성을 잘 드러내주는 적절한 은유가 된다는 것이다.

이러한 할리우드의 이중적 성격은 그곳에서 제작되는 영화에서도 잘 드러난다. 할리우드에서 만들어지는 영화들 중 많은 것들은 볼 가치도 없는 상업 쓰레기에 속한다. 그러나 할리우드는 동시에 훌륭한 대작들과 명작 영화들도 만들어내 관객들을 감동시키기도 한다. 또 할리우드는 지배문화와 지배권력을 대변하는 이데올로기의 선전 창구 노릇을 하기도 하지만, 동시에 지배이데올로기에 도전하는 반체제 영화를 만들기도 한다. 예컨대 올리버 스톤의 「플래툰」이나 「살바도르」 「JFK」 같은 영화들은 할리우드가 결코 단순한 지배권력의 시녀나 단일한 미국적 가치의 해외수출 창구가 아님을 잘 보여 주고 있다. 월남전 영화만 해도, 할리우드는 월남전을 지지한 「그린베레」와 더불어 월남전을 비판한 「디어 헌터」나 「지옥의 묵시록」 또는 「풀 메탈 자켓」이나 「햄버거 힐」 같은 반전영화도 만들었다. 물론 반체제 관객들을 의식한 할리우드가 역시 돈을 벌기 위해 그런 영화들을 만든다는 비판도 있지만, 그런 견해는 올리버 스톤 같은 감독이나 제인 폰다 같은 배우들의 반체제 성향이나 신념을 전혀 고려하지 않은 단순한 논리라고 할 수 있을 것이다.

월트 디즈니사가 해마다 제작하는 애니메이션 영화 역시 미국식 이데올로기를 담고 있다는 비판을 받는다. 예컨대 「도널드 덕 이야기 *Duck Tales*」에 나오는 스크루지 오리 할아버지는 미국식 자본주의 이데올로기를 전파하고 있고, 「포카혼타스」는 인디언을 비하하고 있으며, 「알라딘」은 아랍인들을 악한으로 묘사함으로써 세계의 어린이들을 세뇌시키고 미국식 가치관을 심어주고 있다는 것이다. 그것은 결코 쉽게 부인할 수 없는 사실이다. 그러나 그와 동시에 「도널드 덕」이 사실은 자본주의에 대한 신랄한 조롱과 비판이고, 「포카혼타스」는 인디언에 대한 새로운 조명이며(중국민담을 다룬 「뮬란」도 마찬가지지만), 「알라딘」역시 아랍세계에 대한 새로운 이해를 촉진시켰다는 상반된 이론도 나와 있다.

그래서 성급하게 할리우드를 단순화하고 한 면만 보고 비난하는 것은 대단히 위험한 일이 된다. 할리우드는 분명 야누스처럼 두 얼굴을 갖고 있기 때문이다. 오늘날 현실은 더 이상 예전처럼 단순하지 않고 복합적이어서, 이분법적인 분류나 비판이 불가능하게 되었다. 예컨대 많은 사람들이 미국영화를 비판하지만, 엄밀하게 말해 이제는 어떤 것이 미국영화인지조차도 예전처럼 명확한 선을 긋기가 어렵게 되었다. 유럽영화에도 미국배우들과 미국자본이 투입되어 있는가 하면, 미국영화에도 유럽감독과 배우들이 들어가 있기 때문이다. 존 설리반은 이렇게 말한다.

과연 어떤 것이 미국영화인가? 감독이 미국인이면 미국영화인가? 아니다. 알프레드 히치콕이나 레니 할린이나 존 우(오우삼)는 미국시민이 되기 전에 이미 미국영화를 만들었다(내가 알기로 존 우는 아직 미국시민이 아니다). 그렇다면 배우가 미국인이면 미국영화인가? 아니다. 로렌스 올리비에나 오마 샤리프나 앤소니 홉킨스나 조운 첸은 미국인이 아니지만 미국영화를 만들었다. 그렇다면 미국에서 촬영하면 미국영화인가? 아니다. 「로드 짐 *Lord Jim*」은 캄보디아에서, 「아프리카의 여왕」은 아프리카에서, 「지옥의 묵시록」은 필리핀에서, 그리고 「타이타닉」은 멕시코에서 찍었다. 또한 많은 텔레비전 드라마들은 미국인 것처럼 위장해 캐나다에서 촬영되고 있다. 그렇다면 제작 자금이 미국에서 나와야 하는가? 아니다. 미국 영화사 중 하나는 일본의 소니 것이고, 독립영화들은 세계 각처에서 자금을 지원받고 있다. 그렇다면 도대체 어떤 것이 미국영화란 말인가? (설리반, 「미국의 영화산업 The Hollywood Movie Industry」)

설리반의 지적대로, 오늘날 우리는 어느 것이 순수한 미국영화인지 알 수 없는 복합적인 리얼리티의 시대에 살고 있다. 단 하나의 분명한 정체성만이 허용되었던 예전과는 달리, 이제는 복합적인 정체성이 허용되고 또 장려되고 있기 때문이다. 그렇다면 미국영화에 대한 성급한 판단이나 비판 또한 조심스러울 수밖에 없다.

팍스아메리카나?

사람들은 흔히 미국영화를 좋아하면서도 반감을 갖고 있다. 외국인들의 눈에는 불가해하게 보일지도 모를 그러한 모순이 가능한 이유는 미국영화가 재미있으면서도 동시에 거부감이 느껴지기 때문이다. 재미를 느끼는 이유는 미국영화가 잘 만들어졌기 때문이고, 거부감이 느껴지는 이유는 미국영화가 아메리칸 드림과 미국적 가치관을 해외에 수출하는 창구 역할을 하는 것처럼 보이기 때문이다. 미국영화의 매력과 재미에 대해 유럽학자들인 킴 크리스천 슈뢰더와 마이클 스코브맨드는 "미국영화가 세계적인 호소력을 갖는 이유는 우선 그것이 최첨단 테크놀로지와 막대한 자금력을 통해 좋은 품질의 앞서가는 영화를 만들기 때문이다"(슈뢰더, 『미디어 문화들 *Media Cultures*』)라고 말한다. 과연 한 편의 영화를 만들기 위해 사용되는 특수효과, 세트, 장비에 할리우드는 돈과 시간과 정력을 아끼지 않는 것처럼 보인다. 간혹 저예산 영화가 성공하는 경우도 있지만, 대개는 「타이타닉」처럼 막대한 제작비를 들여 만든 영화가 관객들에게 호소력을 갖기 마련이다.

다음으로 대두되는 것은 미국영화가 아메리칸 드림과 미국적 가치관을 해외에 전파한다는 문제인데, 거기에는 두 가지 견해가 있을 수 있다. 첫째는, 앞서 지적한 대로 영화란 한 나라와 민족의 가치관이 내재된 문화 텍스트이기 때문에 해외로 수출되는 미국영화 속에 아메리칸 드림과 미국적 가치관이 들어있는 것은 어쩌면 당연할 수도 있다는 것이다. 사실 할리우드의 영화제작자들이 의도적으로 아메리칸 드림과 미국식 민주주의를 상품으로 포장해 외국으로 나가는 영화 속에 집어넣는다고 보기는 어렵다. 오히려 철저하게 상업적이다보니 미국인들의 정서에 맞춰 만들게 되고, 결과적으로 그러한 요소들이 영화 속에 들어가게 되었다고 보는 편이 더 정확할 것이다. 둘째는, 그러한 결과에 대해 굳이 민족주의적 감정으로 분개하거나 대응할 필요는 없다는 것이다. 왜냐하면 입장을 바꾸어놓고 생각했을 때, 우리 역시 우리 영화 속에 그러한 것들을 담아 외국에 수출했을 것이기 때문이다.

물론 미국영화 중에는 과도하고 적나라하게 팍스아메리카나를 선전하는 질 낮은 영화들도 있고, 유색인종을 전형화하거나 범법자로만 출연시키는 영화들도 있는데, 그런 영화들은 준엄하게 비판해야 할 것이다. 또 보수주의적인 공화당 정권이 집권하면 할리우드는 언제나 우파 보수 군국주의를 지지하는 영화들을 제작하는데, 이는 지배문화 이데올로기에 따른 영화를 만들면 시대의 조류에 부합되어 우선 많은 관객들을 확보할 수 있기 때문이라고 볼 수 있다.

미국영화가 상업적이고 정치적이라는 것은 부인할 수 없는 사실이다. 그러나 미국영화가 언제나 미국을 미화하기 위해 만들어지는 것만은 아닐 것이다. 미국영화 중에는 뜻밖에도 우리라면 감추었을 치부를 과감히 드러낸 영화도 많다. 인종문제를 적나라하게 다룬 영화들이 그 예다. 물론 일부에서는, 미국이 심지어 인종문제를 소재로 한 영화까지 만들어 자신들의 치부까지도 세계시장에 팔아 돈을 벌고 있다고 비난하기도 한다. 그러나 자신의 치부를 은폐하지 않고 과감히 드러내는 것이 결코 쉬운 일은 아닐 것이다. 오히려 비판의 수준을(수위가 아니라) 한 단계 높여 인종문제를 다룬 영화를 보는 동안 잠시 눈물을 훌쩍이던 미국 관객들이 극장을 나서는 순간, 그러한 문제들을 영화 속의 이야기로 치부하고 쉽게 잊게 됨으로써, 결과적으로 인종문제를 다룬 영화들이 오히려 인종문제의 심각성을 희석시키고 있다고 지적하는 편이 더 설득력 있을 것이다.

영화에 나타난 미국적 가치관

영화는 당대의 사회상과 문화 그리고 그 나라 국민의 꿈과 희망과 두려움을 반영하는 거울이라고 할 수 있다. 그런 의미에서 미디어 문화연구는 영화가 결코 단순한 엔터테인먼트가 아니라 하나의 훌륭한 사회문서이자 문화 텍스트가 된다고 말한다. 그래서 미디어 문화연구는 영화 속에 숨어있는 사회문화적 메시지를 읽어내는 것을 중요한 연구 작업으로 삼는다. 최근 미디어 문화연구자들이 미국영화에 들어있는 정치 이데올로기와 헤게모니를 학문적으로 연구해 발견하려 하는 것도 바로 그런 맥락에서이다.

할리우드가 미국인들의 치부인 흑백 갈등 문제를 솔직하게 다룬 좋은 영화들을 많이 만들어왔다는 사실을 부인할 사람은 별로 없을 것이다. 60년대의 「알라바마에서 생긴 일 *To Kill A Mocking Bird*」에서부터 시작해, 70년대의 「밤의 열기 속에서 *In the Heat of the Night*」를 거쳐, 최근의 「정글 피버 *Jungle Fever*」나 「미시시피 버닝 *Mississippi Burning*」이나 「어 타임 투 킬 *A Time to Kill*」 또는 HBO사가 제작한 「아메리칸 히스토리 X *American History X*」 같은 영화들은 모두 인종편견과 차별이라는 미국사회의 치부를 적나라하게 드러내 보여 주고 있다. 또, 「솔저 블루 *Soldier Blue*」 「리틀 빅 맨 *Little Big Man*」 「제로니모 *Geronimo*」 같은 영화들은 미국정부와 백인 기병대들이 어떻게 인디언들을 기만하고 차별했으며 학살했는가를 생생하게 고발하고 있다.

물론 그와 같은 고발은 대부분 순진하고 양심적인 또 다른 백인 주인공의 눈을 통해서 이루어진다. 간혹 비판자들은 "유색인종 편을 든 영화들도 결국은 백인의 시각으로 바라본 한계를 갖는다"고 말하기도 하지만, 사실 문학적/예술적 기법으로 본다면 유색인종의 입을 통해 직접 고발하는 것보다는 또 다른 백인의 눈을 통해 고발하는 것이 훨씬 더 고차원적이고 설득력이 있다. 또 그와 같은 설정을 통해서 관객들이 끔찍하고 추악한 현실에 대해 더 절실한 눈뜸의 과정을 겪을 수도 있다. 사실, 인종차별 문제를 다룬 영화를 꼭 유색인종이 만들거나 월남전에 대한 영화를 꼭 월남사람이 만들어야만 하는 것은 아닐 것이다. 가해자나 기득권자의 반성이나 성찰이 때로 피해자의 분노보다 더 호소력을 가질 수 있기 때문이다.

그러나 미국영화가 외국인들에 대해서도 과연 자신들의 자랑인 자유와 평등의 이념을 적용하는가에 대해서는 논란의 여지가 있다(그것은 영국의 신사도가 식민지에 해당되지 않았던 것과도 비슷하다). 미국영화 속에서 라틴아메리카계인 히스패닉과 치카노, 그리고 아시아인들에 대한 묘사는 부정적일 때가 많고 또 전형화되는 경우가 많기 때문이다. 예컨대 미국영화에서 라틴아메리카인들이나 아시아인들은 대개 하인이나 범법자로 등장한다. 또 태평양전쟁이나 월남전을 다룬 수많은 영화에서 아시아인은 언제나 미군의 원조를 받고 협조하는 선한 사람들과 미군에 대항하는 악한들이라는 이분법적 구도로만 나누어져 묘사되고 제시된다. 그러나 대릴 친이 지적했듯이, 미국의 영화인들이나 관객들에게 아시아인들은 모두 똑같은 생김새로 보이고, 심지어는 적군과 아군의 구별조차 힘들 때가 많다. 그래서 미국영화 속에서 아시아인들이 설 자리는 드물거나 거의 없고, 영화의 시점은 언제나 미국인 주인공에게만 주어진다. 예컨대 「디어 헌터 *The Deer Hunter*」에서 베트·남은 미군에게 오직 지옥일 뿐이고, 아시아인은 다만 러시안 룰렛 게임 같은 도박과 장난으로 미군들을 살해하는 끔찍한 악당일 뿐이다.

미국영화들은 이렇게 미국적 가치관과 미국인들의 사고방식을 담고 있어서, 당대의 미국연구에 없어서는 안 될 소중한 문헌이 된다. 그러므로 미국영화에 대해 과도하게 적대적일 필요도 없고, 반대로 지나치게 매료될 필요도 없다. 미국영화를 보면서 미국의 문화와 사회를 알게 된다면, 미국영화는 우리에게 유익한 문화 교과서로 다가올 것이다. 미국영화에는 볼 필요도 없는 삼류영화도 많지만, 꼭 보아야만 하는 최상급 영화들도 많다. 미국문화를 제대로 알기 위해서는 물론 좋은 미국영화를 보아야 한다. 그렇게 되면 미국영화를 통해 미국을 알고 또 그들의 문화를 우리 문화와 비교해보는 유익한 경험을 얻을 수 있을 것이다.

아메리칸 드림, 아메리칸 나이트메어

미국의 꿈, 「아메리칸 뷰티」

미 국방장관 도널드 럼스펠드가 최근 독일과 프랑스를 '늙은 나라'라고 지칭한 것에 대해 서유럽의 두 주요 국가인 독일과 프랑스가 발끈하고 나섰다. 두 나라가 미국의 이라크 공격에 반대하는 데 대한 반발로 한 말이어서 럼스펠드가 무슨 심오한 뜻을 담아 그런 호칭을 사용한 것 같지는 않지만, 그래도 사실 미국이 보기에 유럽은 '늙은 나라'이고 그런 의미에서 그는 만고의 진리를 말한 셈이 된다.

미국이란 나라는 구대륙에서 신대륙으로, 과거에서 미래로 이주해온 사람들이 세운 나라이다. 그 처녀림과 신천지에서 초기의 미국인들은 문명으로부터의 도피, 정치적/종교적 억압으로부터의 자유 그리고 근면, 검소, 성실을 통한 경제적 부의 성취를 꿈꾸었다. 그래서 영국의 소설가 D.H. 로렌스(Lawrence)는 『미국고전문학 연구 *Studies in Classic American Literature*』라는 저서에서 미국을 "갈수록 점점 더 젊어지는 나라"라고 묘사했다. 점점 더 늙어가는 구대륙과는 달리 마치 뱀처럼 낡은 허물을 벗으며 부단히 젊고 새로운 피부로 다시 태어나는 것이 바로 신대륙 미국의 본질이라는 것이다.

최근 '아메리칸'이라는 제목이 붙은 영화들이 많이 나오고 있다. 그 중에는 「아메리칸 뷰티」(1999)나 「아메리칸 히스토리 X」(1999) 같은 문화적 의미와 코드가 담긴 좋은 영화도 있고, 「아메리칸 파이」(1998)나 「아메리칸 사이코」(2000) 같은 보통 수준의 영화도 있다. 중요한 것은 위 영화들이 모두 미국인들의 혼란 극복과 자기 정체성 찾기에 대한 영화라는 점이다. 예컨대 「아메리칸 뷰티」와 「아메리칸 파이」는 각각 미국 중년들과 청소년들의 정신적 혼란과 정체성 찾기를 그리고 있고, 「아메리칸 히스토리 X」와 「아메리칸 사이코」는 각각 미국의 악몽인 인종문제와 사회문제를 통해 미국인들의 깨달음과 정체성 찾기를 다루고 있다.

흥미있는 것은 위 영화들 중 「아메리칸 뷰티」와 「아메리칸 파이」는 코미디로 분류되어 있다는 점이다. 그것은 곧 이 두 영화들이 위트와 역설, 아이러니를 통해 미국인들의 정체성과 그들이 현재 당면하고 있는 문제점을 돌이켜보고 있다는 것을 의미한다. 예컨대 「아메리칸 뷰티」에서 딸의 친구에게 반한 중년남자 레스터가 다시 젊어지기 위해 운동하는 장면을 보며 관객들은 웃지만, 결국 영화의 마지막에 가서는 거기에 담겨져 있는 심각한 현대 미국사회의 문제점을 깨닫게 된다는 것이다.

「아메리칸 뷰티 *American Beauty*」는 흔히 미국 가정의 붕괴, 동성애, 마약, 섹스 그리고 혼외정사에 대한 영화로만 알려져 있다. 물론 그러한 것들이 이 영화의 주제로 사용되고 있는 것은 사실이다. 그러나 이 영화의 숨은 주제는 보다 더 복합적이다. 우선 「아메리칸 뷰티」는 갈수록 더 젊어지고 싶어하는 미국인들의 '아메리칸 드림'에 관한 영화로 읽을 수 있다. 물론 이 영화는 미국인들이 아직도 다시 젊어지는 신화적 꿈을 꾸고 있고, 그래서 영원한 젊음에 대한 아메리칸 드림이 지금도 계속되고 있지만, 미국도 이제는 어쩔 수 없이 무력해지고 늙어가고 있다는 것을 시사해주고 있다.

그러므로 어느 날 자신이 무기력한 중년이 되었다는 사실을 깨달은 주인공 레스터가 다시 젊어지기 위해 운동을 시작하는 것, 그리고 예전의 근육을 회복하는 데 다소간 성공하는 것은 바로 '갈수록 점점 더 젊어지는 나라'를 추구하는 아메리칸 드림의 상징적 성취가 된다. 미국은 노인들의 나라가 아니라 젊은이들의 나라이다. 그러한 젊음의 나라 미국에서 레스터는 사춘기 소녀인 딸 제인의 매력적인 친구 앤젤라를 본 후, 그녀에 이끌려 다시 한번 젊어지고 싶은 욕망을 느낀다.

자칫 윤리적인 문제가 될 것 같은 설정이 자연스럽게 이해될 수 있는 것도 바로 그런 맥락에서이다.

레스터는 오늘날 미국사회에서 흔히 볼 수 있는 교외 중산층 가정의 무기력한 남편이자 무능력한 아버지다. 부동산 사업을 하고 있는 그의 아내는 출세 지향적인 강인한 여인이며, 그런 아내 앞에 레스터는 한없이 무기력하고 무능력하게만 보인다. 아내가 잠자리를 거부하기도 하지만 레스터 역시 성적(性的) 무능으로 제시된다. 또한 레스터는 사춘기 딸 제인에게도, 그리고 직장상사에게도 무시받고 경원당한다. 여성과 젊은 세대와 직장 모두로부터 소외된 레스터는 어느 날, 딸의 미녀 친구 앤젤라를 보고 강하게 이끌려 다시 젊어지고 싶어 한다. 그래서 그는 다시 한번 회춘을 시도하고, 젊어지는 데 성공하며, 드디어 앤젤라를 유혹하게 된다.

그러나 그 마지막 순간에 그는 앤젤라의 미(美)와 순수성을 훼손하지 않기로 결심한다. 그리고 비로소 자기 본연의 위치와 정체성을 깨닫고 행복한 미소를 짓는다. 그가 가장 행복했던 바로 그 순간, 레스터는 자신을 동성애자로 오해한 이웃집 남자가 쏜 총에 맞아 절명한다. 마치 미국작가 피츠제럴드의 소설 『위대한 개츠비』의 주인공처럼 레스터는 녹색의 목가적 꿈 속에서 잿빛 기계(총탄)의 공격을 받고 쓰러진다. 영화는 그 감동적이고도 충격적인 장면을 수많은 장미꽃잎과 흩어지는 피로 묘사하고 있다. 마치 헤밍웨이의 「프랜시스 매코머의 짧고 행복한 생애」에서처럼 다시 한번 용기를 회복하고 젊음을 회복하는 바로 그 행복의 절정에서 레스터는 날아온 흉탄에 쓰러져 목숨을 잃는다.

레스터의 아이러니컬한 죽음은 '갈수록 더 젊어지는 나라'라는 미국의 신화가 이제는 더 이상 가능하지 않다는 것을 상징적으로 말해주고 있는 것처럼 보인다. 갈수록 더 젊어지려면, 미국은 부단히 진보주의와 자유주의의 이상을 추구해야만 한다. 그러나 미국은 자유주의와 더불어 보수주의 전통 또한 대단히 강한 나라이고, 그러다 보니 그 두 이념 사이의 갈등과 충돌이 총탄이 되어 그동안 수많은 자유(진보)주의 지도자들을 쓰러뜨렸다. 존 F. 케네디, 로버트 케네디, 마틴 루터 킹, 말콤 X 등은 모두 다시 젊어지는 꿈, 즉 자유주의적/진보주의적 꿈을 꾸다가 극우 보수주의자들의 총탄에 쓰러져간 사람들이다.

변질된 미국의 꿈, 「아메리칸 히스토리 X」「아메리칸 사이코」

「아메리칸 뷰티」가 아메리칸 드림에 관한 영화라면, 「아메리칸 히스토리 X」는 인종문제가 야기하는 '미국의 악몽'을 다루고 있다는 점에서 중요한 영화다. 남 캘리포니아의 극우파 스킨헤드이자 인종차별주의자인 데릭 빈야드(에드워드 노튼 扮)는 흑인을 살해한 죄로 형무소에 수감된다. 복역 도중, 그는 자기를 도와주는 흑인 동료죄수와의 우정을 통해 비로소 자신의 편견과 무지를 깨닫게 된다. 출소한 그는 예전의 자신처럼 인종차별주의자의 길을 가고 있는 동생 대니를 교화시키기 위해 노력한다. 감동적인 연기로 아카데미 주연상 후보로 오른 에드워드 노튼은 이 영화를 통해 미국에는 공식적인 역사와 '아메리칸 드림' 외에 비공식적인 '어두운 인종차별의 역사'와 '아메리칸 나이트메어'가 있음을 고발한다.

또 「아메리칸 사이코」는 80년대 미국사회의 산물인 여피 (Yuppy: Young Urban Professional) 문화에 대한 비판 영화이다. 이 영화에는 월스트리트에서 높은 연봉을 받고 유명 브랜드 명품을 구매하는 사람들이 등장한다. 물질적 성공이 곧 아메리칸 드림의 성취로 여겨지는 사회에서 인간교육을 제대로 받지 않고 바로 전문인이 된 이들은 사소한 이유로 별 양심의 가책도 없이 살인을 저지른다. 이 영화의 주인공인 패트릭 베이트먼 역시 돈과 특권, 명문대학과 명품 뒤에 숨어 살인을 저지르는 연쇄살인범이다. 남이 자기보다 더 좋은 명품을 갖고 있으면 참지 못하는 그에게는 살인조차도 경쟁 품목이 된다.

「아메리칸 사이코」의 주인공 이름인 '베이트먼'은 알프레드 히치콕 감독의 명화 「사이코」의 주인공 노먼 베이츠를 연상시킨다. 「사이코」에서 노먼 베이츠는 '베이츠 모텔'이라는 미끼를 만들어놓고 거기 걸려든 여자를 살해한다('베이트' 또는 '베이츠'는 '미끼'라는 뜻이다). 히치콕의 「사이코」에서 부정을 저지른 모친을 살해한 후, 모친으로 변장해 다른 여자를 죽이는 베이츠가 미국의 청교주의를, 그리고 돈을 훔쳐 도주하는 매리앤이 미국의 실용주의와 상업주의를 상징한다고 보면 「사이코」는 적절하고도 중요한 미국문명 비판이 된다. 즉, 미국의 상업주의와 물질주의가 극으로 달리면, 필연적으로 미국 청교주의와 보수주의의 함정과 제동에 걸려들어 그 대가를 치르게 된다는 것이다.

「아메리칸 히스토리 X」와 「아메리칸 사이코」는 둘 다 현대 미국사회와 미국문명에 대한 비판이자 악몽으로 변해버린 변질된 아메리칸 드림에 관한 영화이다. 꿈이 있으면 악몽도 있는 법이다. 순수했던 미국의 꿈이 물질적 성공을 의미하는 용어로 변질되기 시작한 것은 1848년 미국의 '골드 러쉬'가 있은 다음부터이다. 1848년 유럽대륙을 휩쓸었던 혁명의 기운이 좌절되고 많은 유럽인들이 미국이민을 선택했던 1849년, 미국 서부 캘리포니아 주 샌프란시스코에서 금이 발견되자 동부의 미국인들은 너도나도 금광을 찾아 서부로 이주해 갔다. 미국작가 마크 트웨인이 '도금된 시대(The Gilded Age)'라고 불렀던 그 시대의 사람들은 금광에서의 일확천금을 '아메리칸 드림'이라고 불렀고, 이후 '아메리칸 드림'은 곧 물질적 성공을 의미하게 되었다.

그러나 그것은 진정한 의미에서의 아메리칸 드림은 아니었고, 따라서 아메리칸 드림은 자주 아메리칸 나이트메어로 변질되었다. 미국인들은 물질적 풍요가 곧 '미국의 아름다움(아메리칸 뷰티)'을 가져다주는 것은 아니라는 사실을 깨닫고, 물질적 풍요 속에 잃어버린 목가적인 꿈을 탐색하고 추구하기 시작했다. 「레인맨」이나 「귀여운 여인」「흐르는 강물처럼」 같은 영화들은 미국인들의 바로 그러한 탐색 — 곧 진정한 아메리칸 드림의 탐색—을 그린 세기의 명작들이다.

　미국인들이 그러한 목가적 추구와 진정한 아메리칸 드림을 잊지 않고 영화 속에서나마 부단히 탐색한다면, 앞으로도 미국의 꿈은 퇴색되지 않고 살아남을 수 있을 것이다. 물질주의와 기계만능주의가 만들어놓은 악몽을 아름답고 순수한 꿈으로 바꾸어놓는 것, 그것이야말로 오늘날 미국인들이 당면한 가장 시급하고 중요한 과제 중 하나이다. 진정한 '아메리칸 뷰티'는 바로 그 순간 성취될 것이기 때문이다.

물질주의와 잃어버린 목가적 꿈

휴머니즘을 찾아 떠난 여행, 「레인맨」

미국인들은 이성적이고 합리적인 것을 좋아하는 대신 감정적이거나 감상적인 것을 유치하다고 생각하고 싫어하는 경향이 있다. 그래서 정이 많은 한국인이 볼 때 미국인들은 대단히 냉정하고 비인간적으로 보이기도 한다. 또 미국인들은 상업국가의 시민답게 이익이 남지 않는 일은 잘 하려들지 않는다. 같은 서구국가인 프랑스 출판사들은 잘 팔리지 않아도 문화의 중흥을 위해 문학작품을 출판하는데, 미국 출판사들은 이익이 나지 않는 책의 출판에는 별 관심이 없다. 미국 출판사들이 시집출판을 꺼려하는 것도 바로 그런 이유에서이다. 미국에서 시집은 거의 팔리지 않기 때문이다.

그러나 미국인들이 이성 중심주의와 상업적인 이익을 접고 부드러워지는 경우가 있는데, 그건 바로 휴머니즘과 사랑에 호소할 때이다. 예컨대 인명을 구할 때나 난민들을 구할 때 또는 빈자를 위한 성금을 낼 때 미국인들은 놀랄 만큼 갑자기 관대해진다. 또 남녀 간의 사랑 앞에서도 미국인들은 합리주의적 사고나 물질적 이익을 포기한다. 미국작가 맥스 슐만의 말대로 "사랑은 논리적으로 설명할 수 없는 논리적 오류"이기 때문이다. 미국인들이 한없이 부드러워지는 때는 크리스마스 시즌인데, 그들이 '크리스마스 스피릿'이라고 부르는 크리스마스 정신은 서로 용서하고 마음의 선물을 주고받으며 멀리 떨어져있던 가족들이 한데 모이는 것을 의미한다.

멜 깁슨이 주연한 「에어 아메리카 *Air America*」는 캄보디아에서 수송기 운전으로 돈을 버는 조종사들의 이야기다. 마지막으로 무기를 수송해 큰돈을 벌어 은퇴하려던 멜 깁슨은 군인들의 습격을 받은 난민들의 부름에 응해 착륙한 다음, 자신의 은퇴 후를 보장해줄 그 아까운 무기들을 버리고 대신 난민들을 수송기에 싣고 떠난다. 미국인들은 바로 그와 같은 선택을 좋아한다. 조지 클루니가 주연한 「쓰리 킹스 *Three Kings*」에서도 그렇지만, 휴머니즘이 문제가 될 때 미국인들은 곧잘 물질적 이익을 포기하고 인간을 구하는 사해동포적 기질을 발휘한다.

상대방 여인에게 연정을 느낄 때에도 미국인들은 물질적 이익을 포기하고 보다 더 고상한 목표를 추구한다. 예컨대 「프

루프 오브 라이프 *Proof of Life*」에서 전문 인질협상가인 러셀 크로우는 연정을 느끼는 여인을 위해 아무런 대가 없이 그녀의 남편을 구해준다. 「세인트」에서도 성자들의 이름으로 된 수많은 가명을 쓰는 세기의 도둑(발 킬머 扮)은 사랑하는 여인을 위해 엄청난 액수의 돈을 포기하고, 대신 그 돈을 연구재단과 자선기관에 기증한다. 미국에 귀화한 영국시인 W.H. 오든(Auden)은 「허크와 올리버 *Huck and Oliver*」라는 유명한 글에서 다음과 같이 말한다.

> 유럽인들은 미국인들을 물질주의자라고 비난한다. 그러나 사실 미국인들은 물질적인 것, 그 자체에 대해서는 별로 관심이 없다. 오히려 탐욕스러운 것은 유럽인들이다. 미국에서는 돈을 버는 것이 성인(成人)이 된다는 것을 의미해서, 돈을 버는 것이 중요하지 소유하는 것이 중요한 것은 아니다. 그래서 미국인들은 번 돈을 쉽게 써버리고, 또다시 돈 버는 일에 나선다. 문제는 그러한 과정이 끝없이 계속된다는 점이다. 반면, 유럽인들에게 돈은 곧 권력을 의미해서 유럽인들은 돈을 소유하려고 하며, 다른 사람이 돈을 갖는 것을 싫어한다. 그것의 결과는 탐욕이다.

사실 미국인들이 물질주의적이라는 비난을 받게 된 것은 제2차세계대전 당시에 가난했던 유럽에 주둔하고 있던 미군들이 너무나 풍족하게 살았기 때문이라고 유럽학자들은 말한다. 또 대부분의 유럽국가들에 반미정서가 있는 이유도 역사와 전통이 일천한 과거 영국의 식민지가 한때 유럽이 즐기던 세계의 주도권과 경제권을 빼앗아갔기 때문이라는 것에 있다고 한다. 그렇다면, 오든의 말대로 우리는 미국과 미국인들의 속성을 잘못 알고 있는지도 모른다.

미국인들은 물질문명의 최첨단을 달리면서도 목가적인 꿈을 잃어버리지 않으려고 끊임없이 노력하고 있다. 미국영화 역시 돈과 물질만을 추구하다가 미국인들이 과연 무엇을 상실했는가에 대한 영화를 즐겨 만들고, 또 그런 영화들은 대개 높은 작품성을 인정받아 각종 영화제에서 수상작이 되기도 한다. 그러한 영화 중 가장 대표적인 것은 물론 「레인맨 *Rain Man*」과 「귀여운 여인 *Pretty Woman*」이다. 「레인맨」은 어려서 자동차를 타지 못하게 하는 부친과 싸우고 동부의 집을 뛰쳐나와 캘리포니아에 와서 자동차 중개상을 하고 있는 찰리 배비트(탐 크루즈 扮)가 부친의 장례식에 가서 자신에게 자폐증 환자인 형이 있다는 사실을 우연히 발견하면서 시작된다. 찰리는 요양원에 있는 형과 함께 아버지가 물려준 자동차로 캘리포니아로 돌아가면서 그동안 자신이 물질과 기계만 추구하다가 잃어버린 채 살아온 소중한 것이 무엇이었는가를 비로소 깨닫게 된다. 그것은 곧 형 레이먼드로 표상되는 어린 시절의 목가적인 꿈이었던 것이다. 즉, 요양원에 유배시켜놓고 그 존재조차 모른 채 살아온 형 레이먼드(레인맨)야말로 사실은 돈만 추구하느라 자신이 잊고 살아온 따뜻한 휴머니티이자 황폐해진 우리

가슴을 다시 한번 촉촉이 적셔줄 비를 뿌릴 '레인맨'이며, 잿빛 기계문명 속에서 피어나는 녹색의 목가적 꿈이라는 것이다.

목가적 꿈의 회복, 「귀여운 여인」

리처드 기어와 줄리아 로버츠가 주연한 「귀여운 여인」 역시 같은 맥락의 영화이다. 현대판 신데렐라 이야기로만 알려진 이 영화의 핵심 주제는 사실 현대인의 자기 발견과 목가적 꿈의 회복이다. 즉, 이 영화는 흔히 알려진 대로 백마 탄 왕자를 만나 팔자를 고치는 신데렐라 이야기라기보다는, 물질적 성공만 추구하면서 살아온 한 남자가 어느 날 우연히 만난 순진하고 인간적인 여자를 통해 자신이 잃어버리고 살아온 목가적 꿈을 되찾는 이야기라는 것이다.

뉴욕에서 로스앤젤레스로 출장온 에드워드 루이스(리처드 기어 扮)는 재정난에 처한 기업을 싸게 사서 분할한 다음, 다시 팔아 이익을 챙기는 전문 기업사냥꾼이다. 그는 지난 10년 동안 변호사 필립 스터키와 함께 수많은 기업을 사들인 다음 되팔아 막대한 돈을 번 부유한 인물이다. 그런 그에게 따뜻한 인간성이나 남에 대한 배려가 있을 리 없다. 그의 목표는 오로지 물질적 성공과 돈을 버는 것뿐이다.

에드워드는 변호사 필립의 차를 운전하고 가다가 길거리의 창녀 비비안(줄리아 로버츠 扮)에게 길을 묻게 되고, 수동 기어 차에 서투른 에드워드 대신 운전대를 잡은 비비안은 그를 호텔까지 데려다 준다. 출장 기간 동안 여자가 필요했던 에드워드는 비비안에게 즉석에서 전속 동거계약을 제안하고, 그에 동의한 비비안은 에드워드와 호텔 펜트하우스에서 함께 지내게 된다.

에드워드는 비비안과 같이 지내는 동안 그녀의 순진성과 따뜻한 인간성에 차츰 이끌린다. 모스 기업을 인수하면서 그가 "나는 사업에 감정을 개입시키지 않는다"라고 말하자, 비비안은 "당신은 마치 로봇처럼 일하는군요"라고 비난해 에드워드에게 자신을 돌이켜볼 기회를 제공해 준다. 약한 짐승(약한 기업)을 공격하는 동물처럼 공격적인 그에게 비비안은 또 식물놀이를 하자고 제안하기도 한다. 에드워드는 비비안을 통해 차츰 따뜻함과 사람다움을 배우게 되고, 그녀에게서 음악교사였던 돌아가신 어머니의 이미지를 발견한다.

에드워드에게 창녀인 비비안은 필요하면 사들였다가 다시 팔아넘기는 재정이 취약한 기업과도 같다. 그러나 그는 비비안과 동거하는 동안, 그녀에게서 자신이 오래 잊고 살았던 순진성과 인간성, 그리고 소중한 목가적 꿈을 발견한다. 그가 비비안에게 이끌리는 것만큼 그는 재정난에 허덕이는 모스 기업의 강제 매입을 주저하게 된다. 회사를 넘기기 싫어하는 모스 기업 사장 제임스 모스는 부친과도 아는 사이였고, 그에게도 자기 같은 아들 데이빗 모스가 있었기 때문이다.

결국 에드워드는 모스 기업을 살려주기로 결심하고 오히려 동업을 제안해 모스 사장을 감격시킨다. 비비안 덕분에 에드워드는 드디어 따뜻한 인간성을 회복하게 된 것이다. 에드워드가 회의장을 나와 녹색의 잔디밭을 맨발로 걸어다니는 장면은 바로 현대인의 목가적 꿈의 회복을 상징한다. 이 영화는 이미 폴로 경기장에서 비비안과 에드워드가 잔디밭을 밟는 장면을 보여줌으로써 두 사람이 힘을 합해 녹색의 목가적 꿈을 회복하리라는 암시를 주고 있다.

영화의 마지막에 에드워드와의 계약을 끝낸 비비안은 집으로 돌아간다. 그러나 에드워드를 잊지 못하는 그녀는 샌프란시스코로 돌아가 고등학교를 마치려고 계획하고 떠날 준비를 한다. 그동안 그녀는 어쩔 수 없어서 몸을 팔았지만, 이제는 그 생활을 청산하고 싶어진 것이다. 그리고 바로 그때 뉴욕으로 돌아가던 에드워드가 그녀를 데리러 온다. 영화는 이렇게 해피엔딩으로 끝난다. 에드워드에게 비비안은 이제 더 이상 사들였다가 다시 파는 부실기업이 아니고, 당당한 파트너가 된 것이다. 그러므로 「귀여운 여인」이라는 이 영화의 제목은 단순히 '예쁜 여자'라는 뜻이 아니라, 오늘날 물질적 성공만 추구하다가 미국인들이 잃어버린 채 살고 있는 소중한 목가적 꿈을 상징하는 말이 된다. 그래서 「귀여운 여인」은 물질문명 시대를 살아가며 순수했던 미국적 가치와 인간성의 회복을 꿈꾸는 미국인들의 소망을 담은 의미심장한 영화가 된다. 오늘날 미국인들이 집집마다 조그만 잔디밭을 갖고 그것을 소중히 관리하는 것은, 아마도 물질의 가치가 인간의 가치를 뛰어넘는 이 시대에 목가적 꿈을 잃어버리지 않기 위한 상징적 제스처인지도 모른다.

자유 (진보)주의, 보수주의

한국에서는 'liberalism'을 '자유주의'로 번역하는데, 자유주의라는 번역은 '리버럴리즘'의 포괄적인 의미를 다 수용하지 못하는 한계를 갖고 있다. 리버럴리즘을 보수주의의 반대로 생각한다면 '진보주의'가 원래 의미에 더 가깝지만 우선 국내에서는 진보주의가 좌파를 의미하고, 또 'progressivism'이라는 용어가 따로 있기 때문에 'liberalism'을 '진보주의'라고 번역할 수도 없다. 그러다 보니 작가 복거일처럼 진보적이고 리버럴한 성향의 지식인조차 단지 좌파가 아니라는 이유로 보수논객으로 분류되는 모순이 일어난다.

그러나 '1960년대 진보주의'라는 용어에서도 알 수 있듯이 진보주의(progressivism)가 꼭 좌파를 의미하는 것은 아니다. 그리고 진보주의는 사실 민족주의와는 양립하기 어려운 개념인데, 우리 나라는 어찌된 셈인지 극단적 민족주의가 곧 진보주의로 오해되고 있다. 일본의 경우 'liberalism'을 한자로 표기할 때에는 '自由主義'라고 하지만, 실제로는 그냥 영어발음을 일본어화한 '리베라르'나 '리베라르스므'라고 말한다. 우리의 사전에는 '자유주의'라고 번역이 되어 있는데, 이 역시 일본어 사전에서 참조한 것으로 보인다.

정치적으로 미국은 보수주의와 자유(진보)주의로 나누어진다. 미국 대통령 중 귀족 출신이었던 존 퀸시 애덤스는 보수주의의 대표적 인물이었고 평민 출신의 앤드류 잭슨은 대표적인 자유(진보)주의적 인물이었지만, 보수주의와 자유(진보)주의가 오늘날처럼 확연하게 갈라지기 시작한 것은 경제공황기였던 1930년대 이후였다. 그 전까지만 해도, 미국의 흑인들은 노예해방을 선언한 링컨의 공화당을 지지했다. 오늘날 공화당의 정치이념은 '자유'이고 민주당의 이념은 '평등'이지만, 사실 예전에는 그러한 구분조차 분명치 않았던 경우가 많았다.

그러나 1930년대를 풍미했던 좌파 맑시즘 시대와 1940년대 후반, 1950년대의 우파 매카시즘을 거치면서, 미국사회는 확연하게 보수와 진보로 나누어지기 시작했다. 그래서 공화당의 아이젠하워와 민주당의 애들라이 스티븐슨이 대통령후보로 격돌하던 1952년과 1956년의 선거에서는 냉전 이데올로기(자유)와 빈민계층(평등) 문제가 선거 이슈로 부각되었다. 프랭클린식 성공주의와 아메리칸 드림을 비판한 스티븐슨이 냉전

이데올로기를 앞세운 아이젠하워에게 패배한 후 미국은 극심한 실업률과 불경기를 겪었으며, 케네디의 등장과 함께 진보주의가 시작된 1960년대에 들어서야 비로소 경제적 평등과 경기 회복을 경험하게 되었다.

아이젠하워와 스티븐슨이 대표했던 각기 다른 정치적 이념에 의해, 미국 공화당의 주된 관심은 공산주의의 위협에 대항하는 서방세계의 '자유'(그들은 비공산주의 국가들을 '자유세계'라고 불렀다)가 되었고, 민주당의 주 관심은 지배계급과 부자에 대응하는 피지배계급과 빈자들의 '평등'이 되었다. 민주당이 공화당에 비해 소수인종과 제3세계에 대한 관심이 훨씬 더 많은 이유도, 또 공산주의의 위협이 사라지자 새로운 적을 찾아나선 미국의 공화당이 최근 테러 국가들로부터의 '자유'를 주장하는 이유도 바로 거기에 있다. 같은 맥락에서 미국의 공화당은 마약퇴치나 거리의 범죄 척결, 국제 또는 국내 법질서 유지에도 관심이 많다. 냉전시대 이후, 새롭게 개편되는 국제질서에 이니셔티브(initiative)를 쥐고 싶어하는 부시 행정부의 태도나 관심 또한 이러한 맥락에서 보면 쉽게 이해될 수 있다.

최근 영화 「아메리칸 뷰티」는 자유(진보)주의와 보수주의 사이의 갈등과 충돌을 다룬 좋은 영화라고 할 수 있다. 이 영화에서 주인공 레스터는 자유(진보)주의를 상징하고, 이웃집의 피츠 대령은 보수주의를 대표하는 인물이다. 그런 의미에서 레스터와 피츠는 오늘날 미국사회를 형성하고 있는 양대 이념의 은유라고 할 수 있으며, 그 둘의 충돌은 필연적이다. 비록

젊은 시절의 신선한 매력과 힘은 잃었지만, 그래서 그의 가정
역시 흔들리고는 있지만 제도의 억압을 싫어하고 윤리를 초월
해 젊은 소녀에게 이끌리는 레스터는 본질적으로 자유(진보)주
의자라고 할 수 있다. 반면, 해병대 대령 출신인 피츠는 짧은
머리에 마약과 동성애, 공산주의를 싫어하는 전형적인 보수주
의자의 면모를 보여 주고 있다.

　과연 레스터의 집안은 전형적인 자유(진보)주의자의 집안이
고, 피츠의 집안은 전형적인 보수주의자의 집안이다. 예컨대
레스터의 아내는 사업동료와 바람을 피우고 레스터 역시 사춘
기 소녀를 유혹하며 레스터의 딸 역시 아버지에게 반항한다.
반대로 피츠 대령은 군인 출신에다 아들에게 엄격하며 유연함
과 부드러움을 가져다 줄 수 있는 아내가 없다. 그런 피츠 대
령이 자기 아들 리키가 보수주의자들이 비난하는 마약 밀매자
이며 관음증이 있다는 사실을 전혀 모르고 있다는 것은 아이
러니컬하다. 더욱이 피츠 대령이 사실은 동성애자였으며, 자
신의 사랑을 거부했다는 이유로 레스터를 사살하는 장면에서
아이러니는 극에 달한다.

　그런 의미에서 「아메리칸 뷰티」는 제대로 된 길을 가지 못
하고 있는 현대 미국사회의 자유(진보)주의와 보수주의 둘 다
에 대한 신랄한 비판처럼 보인다. 즉, 이 영화는 도덕적 해이
에 빠져있는 자유(진보)주의와 비인간적 위선의 길을 걷고 있
는 보수주의 모두를 비판하고 있다고 볼 수 있다.

매카시즘과 맑시즘, 「하이 눈」「자니 기타」

　한국인들이 1950년대에 보았던 추억의 명화 중에 「하이 눈 *High Noon*」(1952)을 빼놓을 수는 없을 것이다. 당시 인기 절정의 미남 배우 게리 쿠퍼가 악당들과 맞서 결투를 벌이는 용감한 보안관 윌 케인으로, 그리고 우아한 미녀 그레이스 켈리가 그의 매력적인 약혼녀 에이미로 나오는 이 영화는 오늘날 서부영화의 고전으로 높이 평가받고 있다. 그러나 이 영화가 당시 미국사회를 휩쓸었던 매카시즘을 비판하는 영화라는 사실을 아는 사람은 그리 많지 않다. 잘 알려진 대로 매카시즘은 위스컨신 주 출신 극우파 조셉 매카시 상원의원이 주도했던 좌파사냥으로 당시 미국 전역을 휩쓸었던 광기의 이데올로기였으며, 그 와중에 수많은 지식인들과 할리우드 영화인들이 국회 청문회에 소환되어 심문을 받았다. 사람들은 자신이 좌파가 아님을 서약해야만 했고, 그러기 위해서는 좌파 동료들을 밀고해야만 하는 경우도 있었다. 엘리아 카잔 감독이 그 대표적인 경우였으며, 당시 좌파 동료들의 이름을 밀고하고 풀려난 영화인들도 상당수 있었다.

　「하이 눈」은 바로 이러한 정치상황에 대한 신랄한 비판이자 양심의 위기에 닥쳤을 때 미국인들이 어떻게 행동해야 하는지를 잘 보여 준다는 점에서 특이한 서부영화다. 자신이 감옥에 보낸 악당 프랭크 밀러(이안 맥도널드 扮)가 복수하기 위해 마을로 돌아오고 있다는 소식을 들은 보안관 윌 케인(게리 쿠퍼 扮)은 결혼하기 위해 은퇴하고 마을을 떠나려던 계획을 바꿔 마을을 지키기로 결심한다. 그가 떠나지 않고 남아 목숨을 건 결투를 벌이는 이유는 두 가지다. 첫째는 자신의 안전을 위해 비겁하게 마을을 버리고 도망칠 수 없다는 것이고, 둘째는 악당과 맞서 싸우지 않고 도망치면 어디를 가든지 악당이 쫓아와 결국 그의 가정을 파괴하리라는 인식 때문이다. 모두가 두려워하고 침묵했던 '순응의 시대'(비평가 어빙 하우는 미국의 1950년대를 'This Age of Conformity'라고 불렀다)였던 광기의 매카시즘 시대에 프레드 진네만 감독은 「하이 눈」을 통해 양심의 목소리에 귀 기울이고, 잘못된 이데올로기에 맞서 분연히 싸워야만 한다고 말했던 용기있는 감독이었다.

그러나 마을 사람들은 아무도 케인을 도와주지 않는다. 악당 밀러가 탄 기차가 도착하는 정오(하이 눈)는 점점 더 가까워 오고, 케인의 마음은 째깍거리는 화면의 시계소리에 의해 시시각각으로 초조함이 증폭된다. 그런 의미에서 케인은 고독하게 홀로 싸우는 전형적인 미국의 영웅이다. 「다이하드」가 그 대표적인 영화지만, 미국영화에서 주인공은 언제나 고립된 채 홀로 고독한 싸움을 계속하며 결국은 승리한다. 케인 역시 고립된 채 홀로 네 명의 악당과 맞서 그들을 쓰러뜨리고 자신의 가정과 마을을 구한다. 「하이 눈」에서 악당 밀러와 그에 동조하는 총잡이들은 매카시즘과 같은 잘못된 이데올로기의 상징이다. 「하이 눈」에서 복수를 위해 돌아온 밀러와 그 패거리들은 1930년대 미국사회를 지배했고 보수우파들을 몰아냈던 맑시즘에 대한 매카시즘의 복수를 상징한다. 프레드 진네만은 이 영화에서 위협적인 악당들로부터 마을의 평화를 수호한 용감한 보안관처럼 미국인들 또한 매카시즘 같은 위협적인 이데올로기를 퇴치해야만 한다고 시사하고 있다.

1950년대에 만들어졌고 국내에도 수입되어 상영된 또 다른 서부영화 「자니 기타 *Johnny Guitar*」(1954) 역시 매카시즘에 관한 영화이다. 니콜라스 레이가 감독하고, 전설적인 여배우 조안 크로포드를 비롯해 스털링 헤이든, 어니스트 보그나인, 데니스 호퍼 등이 출연했던 이 영화는 빅터 영의 감미로운 주제가 '자니 기타'로도 유명하다.

전설적인 총잡이 자니(스털링 헤이든 扮)는 이제 총싸움의 세계에서 은퇴해 기타만 갖고 옛 애인 비엔나(조안 크로포드 扮)가 경영하는 술집을 찾아온다. 그런데 목장주 맥캠브리지를 비롯한 마을 사람들은 비엔나를 마을에서 추방시키거나 교수형에 처하기 위해 술집을 포위하고 총을 쏘기 시작한다. 다시는 총을 잡지 않겠다고 맹세한 자니는 최후의 순간에 다시 총을 들고 악당들을 물리쳐 비엔나와 그녀의 술집을 구한다.

이 영화에서 청바지를 입은 남성적인 여인이자 외지인인 비엔나와 그녀의 술집은 외부에서 흘러 들어온 좌파 이데올로기의 상징이며, 외부인인 비엔나에게 린치를 가해 쫓아내려는 마을 사람들의 적의와 광기는 흔히 마녀사냥으로 묘사되는 매카시즘의 상징으로 보인다. 위기의 순간에 고독하고 고립된 주인공 자니는 분연히 기타를 버리고 다시 총을 잡아 악당들을 물리친다(이 영화에서 자니 기타는 과도하게 고독한 연기를 보이려다 그랬는지 다소 무능력하고 무기력한 사람처럼 보인다).

여기서 '기타'는 낭만과 평화의 상징이다. 그리고 영화의 주인공은 싸움보다는 낭만과 평화를 원한다. 그러나 자신의 친구들이 마을 사람들로부터 위협을 당하고 쫓겨나게 되자, 그는 다시 총을 빼어들고 악당들과 맞서 약자들을 도와준다.

극좌파가 득세하던 경제공황시대(1930년대)와 극우파가 지배하던 매카시즘시대(1950년대)를 거치면서 미국인들은 차츰 그 두 사조 모두에 환멸을 느끼게 되었고, 그 결과 1960년대로 접어들면서 미국인들은 맑시즘도 매카시즘도 아닌 제3의 길을 선택하게 되었다. 매카시즘의 횡포에 반발해 등장했던 60년대 자유/진보주의는 우파 보수주의와 군국주의에는 반대했지만, 정통 맑시즘과는 다른 소위 '뉴 레프트'였다. '뉴 레프트'의 특징은 반체제/반(反)문화(Counter Culture)였는데 '반체제'는 모든 기성체제와 기존 질서에 대한 반발을, 그리고 '반(反)문화'는 관습과 전통과 지배문화에 대한 반발을 의미했다. 모더니즘 시대의 미국사회가 막을 내리고 다양성과 상대성을 추구하고 양극을 피하는 정치적 중립(This Middle Against Both Ends)을 내건 포스트모더니즘 시대로 접어든 것도 바로 그 시점이었다.

다문화주의와 백인 지배문화의 충돌, 「닉 오브 타임」

다양한 인종들이 모여 사는 도시 로스앤젤레스에 앰트랙

기차가 도착하고, 진 왓슨(조니 뎁 扮)과 그의 어린 딸 린이 내린다. 기차의 창문에 비친 도시의 거리는 폭력이 난무해 영화는 앞으로 주인공들이 겪게 될 폭력을 일찌감치 암시해주고 있다. 과연 역 구내에서는 유색인 불량배들이 빠른 속도로 스케이트보드를 타고 다니며 여행객들을 위협하고 있고, 악당처럼 보이는 남녀가 나타나 범행대상자를 물색하고 있다. 영화 「닉 오브 타임 *Nick of Time*」의 주인공 조니 뎁과 그의 귀여운 딸 린은 우연히 그들에게 걸려들게 된다.

경찰 배지를 보이며 진과 린을 회색 밴으로 데리고 간 악당 스미스(크리스토퍼 워켄 扮)와 그의 여자동료는 악랄하게도 어린 린을 볼모로 잡고, 진에게 한 여자의 암살을 명령한다. 만일 진이 근처의 보나벤처 호텔(이 호텔은 유명한 포스트모던 건축으로, 소수인종과 소수문화를 옹호하는 포스트모더니즘이 이 영화의 주제가 된다는 것을 암시해주고 있다)로 가서 1시 30분까지 그 여자를 살해하지 않으면, 진의 딸 린을 죽이겠다는 것이었다.

호텔에 도착한 진은 비로소 자기가 죽여야 할 여자가 현 주지사 엘리노어 그랜트라는 사실을 알고 경악한다. 엘리노어는 현재 재선 운동 연설 때문에 호텔에 머무르고 있었다. 호텔에서 진은 주지사 암살음모가 놀랍게도 선대위원장이자 엘리노어 주지사 남편의 지시로 이루어지고 있으며, 거기에 주지사의 경호실장과 경호원들까지 개입해 있다는 사실을 알고 경악한다. 암살 이유는 주지사 엘리노어가 자신을 당선되도록 도와준 보수주의자들의 기대를 저버리고, 주 정부 관리들을 유색인들로 채웠기 때문이다.

이 영화가 흔해빠진 납치나 암살 영화에서 보수주의와 자유(진보)주의 또는 백인 지배문화와 소수인종 피지배문화 사이의 갈등과 충돌을 다룬 문화적/정치적 영화로 격상하는 것은 바로 그 순간이다. 과연 술 마시는 바(bar)에서 백인들은 엘리노어의 유색인 지지 정책을 비판하고 있으며, 반대로 엘리노어 주지사가 연설하는 연단의 배경에는 '다문화주의적(multicultural)'이라는 플래카드가 붙어 있다(그 다음 글자는 스크린에 나타나지 않는다).

이 영화의 원제인 '닉 오브 타임(Nick of Time)'은 '아슬아슬하게'라는 뜻이다. 과연 관객들은 시종일관 손에 땀을 쥐며 이 영화를 보게 된다. 1시 30분까지 주지사를 암살해야 딸을 구할 수 있는데, 마치 「하이 눈」에서처럼 아무런 대책이 서지 않는 상황에서 시간만 흘러가고 있기 때문이다. 또 주지사 암살에 성공한다 해도 그 순간 스미스나 경호원들이 진을 쏠 것이고, 차 속의 여자는 린을 죽일 것이기 때문이다.

그런 절대절명의 순간에 진이 의지하는 것은 소수인종들이다. 예컨대 그는 주지사의 보좌관인 흑인여성에게 도움을 청하나 그녀는 그만 스미스에게 살해되고 만다. 진은 또 호텔의 구두닦이 흑인영감에게 도움을 청하는데, 그 영감은 모두가 유색인들인 호텔직원들의 도움을 받아 경호원들을 따돌리고 진을 주지사와 단 둘이 만나게 해주며, 마지막에도 악랄한 여자 악당과 사투를 벌여 진의 딸 린의 목숨을 구해준다. 자유(진보)주의의 수호에 나선 그 흑인영감이 미국을 위해 싸운 참전 상이용사 출신이라는 사실 역시 대단히 상징적이고 의미심장하다.

영화 「닉 오브 타임」은 결국 보수주의의 패배와 자유(진보)주의 및 다문화주의의 승리로 끝난다. 유색인들의 소수문화를 인정하는 다문화주의에 반대해 백인 지배문화를 내세우려던 주지사의 남편과 그 일당들은 파멸한다. 그러나 주지사의 남편을 조종하던 보수 핵심인사는 붙잡히지 않고 사건 현장을 떠난다. 비록 이번에는 실패했지만, 그는 다문화주의의 억압과 백인 지배문화의 수립을 위해 다른 곳에서 또 다른 암살계획을 지시하고 조종할 것이다.

그런 의미에서 악당의 이름인 '스미스'가 앵글로-색슨계의 이름이고, 그의 사주를 받고 자신의 의도에 반해 이용당하는 주인공의 이름인 '왓슨'이 아일랜드인이나 스코틀랜드인이 속해 있는 켈트계의 이름이라는 것 또한 상징적이다. 또 영화의 초반부에 스케이트보드를 타는 불량배들을 유색인으로 설정한 것에 대해 불만을 가졌던 관객들에게 영화의 마지막에 가서는 주인공을 도와주는 유색인들에 대해 무한한 신뢰감을 갖도록 해놓은 설정 또한 이 영화의 돋보이는 장치 중 하나다. 그리고 이 영화의 배경이 로스앤젤레스라는 사실 또한 대단히 은유적이다. 왜냐하면 로스앤젤레스 시와 캘리포니아 주는 미국에서도 다인종들이 가장 많이 모여 사는 곳이고, 남미계 인구와 아시아계 인구가 이미 백인의 인구를 초과한 특이한 지역이기 때문이다.

다문화주의란 하나의 지배문화만 인정할 것이 아니라, 여러

다양한 문화를 모두 다 인정하자는 문예사조이며, 백인중심문화와 주변부 소수인종문화의 동등한 공존을 주장하는 문예사조이다. 다문화주의는 물론 세계적인 현상이 되었지만, 그것이 미국에서 가장 절실한 이유는 미국이 다문화 사회이고 소수인종문화 사회이기 때문이다. 앞으로도 미국사회에서는 보수주의와 자유(진보)주의, 서구중심문화와 비서구 주변부문화 그리고 백인 지배문화와 소수인종 피지배문화 사이의 갈등과 충돌이 계속될 것이다. 미국영화 또한 앞으로도 계속해서 미국사회의 바로 그러한 움직임과 변화를 생생하게 스크린에 담아내고 고발하며 문제화할 것이다. 미국영화가 미국문화와 사회의 현황과 변화를 읽어내는 중요한 바로미터가 되는 이유도 바로 거기에 있다.

법과 미국문화

　미국인들의 준법정신은 놀랄 만큼 투철하다. 그들에게 법은 곧 공동체가 모여서 지키기로 합의한 사회규약이고, 그 규약을 지키는 것은 사회 구성원들의 기본 상식이자 공중도덕이 된다. 미국인들의 준법정신이 특히 강한 이유는 아마도 총잡이들과 무법자들이 판치던 서부개척시대를 겪으며 법치사회의 중요성을 절감했기 때문일 것이다. 지금도 카운티(우리의 군, 읍, 면에 해당하는 지역)에 남아 있는 보안관 제도는 '정당방위권'과 '사유지 침입 절대 금지' 규정과 더불어 바로 서부시대가 남겨놓은 산물 중 하나이다.

　미국에서 법이 잘 지켜지는 또 한 가지 이유는, 미국이란 나라가 유럽과는 달리 귀족이나 특권층이 없는 상태로 시작된

나라여서 만인이 법 앞에 평등하기 때문이다. 미국에서는 법이 공평하게 적용되기 때문에 아무도 법망을 피해 빠져나가지 못한다. 공무중 잠시 불법 주차해놓은 시장이나 주지사의 관용차에도 단속원들이 주저 없이 주차위반 스티커를 발부할 만큼 미국인들의 법 집행은 엄정하다. 반면, 우리의 경우에 권력층은 초법적인 존재여서 법을 지키는 서민들만 손해를 본다는 의식이 팽배해있고, 그러다 보니 법을 무서워하지도 않고 잘 지키지도 않는 경향이 있다. 법 집행 또한 엄정하게 이루어지지 않고 있어서 주차위반이나 쓰레기 투기, 침 뱉기나 고성방가처럼 경범죄에 해당되는 것들은 곧잘 무시되곤 한다.

미국사회가 법을 잘 지키는 또 다른 이유는 미국이 상업국가라는 점에서 찾아볼 수 있다. 상업이 주종을 이루는 사회에서는 상호 약조와 규약이 대단히 중요하고, 따라서 법이 발달하고 잘 지켜지게 된다. 뿐만 아니라 미국인들처럼 개인주의적 성향이 강한 사람들이 모여 사는 사회는 자신들의 권리를 수호하고 타자와 더불어 살기 위해서도 법과 사회규약을 존중하게 된다.

그래서 미국에서는 항의를 표시하는 평화적인 시위는 얼마든지 허용되지만, 일단 그 시위가 불법시위로 변질되면(예컨대 교통을 방해하거나 불법점거나 강제진입을 시도하거나 폭력을 행사할 때) 바로 그 순간 경찰의 무자비한 진압이 시작된다. 미국사회에서는 그 어떤 경우에도 법을 어기는 것이 용납되지 않기 때문이다. 미국에서 경찰은 '법'의 상징이고 '법 집행관(law enforcement officer)'이기 때문에 경찰을 폭행하거나 살해하는 것은 곧 법에 대한 도전으로 여겨져 중형을 받게 된다.

그러나 미국인들은 필요하면 곧잘 규칙을 유연하게 구부려(bend the rule) 융통성을 발휘한다. 예컨대 미국인들은 당시의 상황이나 상대방의 설명이 논리적으로 타당하다고 생각되면 법과 규정을 바꾸는 데 주저하지 않는다. 그래서 미국사회에서는 법 집행 전에 언제나 소명의 기회가 부여된다. 미국인들은 원칙을 중시하지만, 상황에 따라 그 원칙에 예외를 두어 유연하게 적용하는 것이다. 미국의 대도시에서 주행하는 차가 없으면 보행자 신호가 적색일 때도 대부분 횡단보도를 건너가는 것도 그런 경우이다. 미국헌법 역시 초기에 만든 상태 그대로 남아 있지만, 대신 그때그때 필요에 따라 만든 수많은 수정조항들(amendments)이 붙어 있다. 바로 그 점에서 수정조항을 붙이는 것이 아니라 아예 헌법 자체를 바꾸는 개헌을 여러 번 해온 우리의 경우와는 흥미로운 비교가 된다.

미국의 법은 기본적으로 피고인을 처벌하기 위해서라기보다는 보호하기 위해 존재한다고 말해진다. 그래서 그걸 악용해 능력 있는 변호사를 고용한 다음, 법망을 빠져나가는 경우도 많아 미국법의 문제점으로 지적되기도 한다. 미국의 법원은 법관의 횡포나 잘못된 판단을 예방하기 위해 배심원 평결제도를 채택하고 있는데, 이 역시 간혹 문제점이 지적된다. 예컨대 유색인 피고인 경우 배심원 전원이 백인으로 구성되면 아무래도 불리할 수밖에 없기 때문이다. 그럼에도 배심원제도는 판사의 횡포나 오판을 막고 피고의 인권을 보호하는 데 긍정적인 역할을 하고 있다는 평을 받는다.

시민 자경단(自警團)과 「데쓰 위시」

법은 멀고 주먹은 가까웠던 시절로 예전 미국의 서부개척시대가 있었다. 마을에 보안관이 있었지만 보안관이나 보안관보의 힘만으로 모든 분쟁을 다 해결할 수는 없었고, 또 싸움이 꼭 마을에서만 일어나는 것도 아니었으며 무법자는 도처에 깔려 있었다. 그래서 인정된 것이 정당방위권과 사유지 수호권이었다. 법이 미처 보호해주지 못하는 상황에서 정당방위권의 행사는 많은 미국인들에게 자신을 지킬 수 있는 근거를 마련해 주었고, 사유재산권은 침입자로부터 자신의 가정과 터전을 지킬 수 있도록 도와주었다.

그러다 보니 부작용도 생겨났다. 예컨대 총을 빨리 뽑을 수 있는 자가 최후의 승자로서 정의의 사나이가 되기도 했으며, 실수로 자신의 영역에 들어온 사람을 사유재산권을 빙자해 사살하는 일도 생겨났다. 지금도 미국에 가면 '여기는 사유지임. 들어오는 자는 기소할 것임'이라는 살벌한 팻말이 사방에 붙어 있는 것을 볼 수 있고, 또 얼마 전에는 길을 물으러 자기 집에 접근하는 일본인 유학생을 미국인 주인이 강도로 오인해 사살한 경우도 있었는데, 이는 모두 서부개척시대의 유물이라고 할 수 있다.

그러나 오늘날 시대는 변했고, 미국인들에게 법은 그 어느 때보다도 더 가까운 존재가 되었다. 그럼에도 법은 여전히 멀어서 우선 주먹이나 총을 써야 하는 경우가 있다고 느끼는 사람들도 많다. 뉴욕 같은 대도시의 길거리에서는 범죄가 워낙 자주 일어나며 미국의 법이 피의자를 처벌하기보다 피의자의 인권을 보호하는 데 더 많은 비중을 두고 있어서 능력 있는 변호사만 구하면 얼마든지 법망을 피해 빠져나갈 수 있기 때문이다. 피해를 당한 고소인의 입장에서 보면 기가 막힐 노릇이지만, 법의 그러한 특성상 가해자는 쉽게 풀려나 다시 거리를 활보한다. 전 미국을 뒤흔들었던 O.J. 심슨 사건은 그 좋은 예가 된다. 물론 진범이 누구인지는 알 수 없지만, 피살당한 부인 측 가족이 볼 때 O.J. 심슨을 체포한 경찰관의 인종차별주의를 문제삼아 무죄평결을 이끌어낸 심슨의 변호인들과 그것을 허용한 미국의 법제도가 대단히 원망스러웠을 것이다.

　　그러한 미국인들의 누적된 스트레스를 시원하게 보여 준 영화가 바로 찰스 브론슨이 주연한 「데쓰 위시 *Death Wish*」라는 영화다. 뉴욕의 평범한 어느 건축기사가 자신의 아파트에 무단 침입해 아내와 딸을 강간하고 무참히 살해한 불량배들을 경찰이 잡지 못하자, 자신이 직접 나서서 밤마다 뉴욕의 인간 쓰레기들을 깨끗이 청소하는 내용의 이 영화는 범법자를 처벌하기보다는 보호하는 데 더 효과적인 미국의 사법제도에 불만을 품은 많은 미국인들의 찬사를 받아 이후 무려 4편까지 속편이 만들어졌다.

경찰이 수배중인 흉악범들이 하나 둘씩 시체로 발견되자 시민들뿐 아니라 뉴욕 경찰도 이 정체를 알 수 없는 시민 자경단원(vigilante)의 출현을 반긴다. 경찰은 찰스 브론슨을 의심하다가 드디어 증거를 포착하지만, 그가 뉴욕의 범죄율을 현저하게 떨어뜨렸음을 감안해 그를 체포하는 대신 다른 도시로 떠나라고 압력을 가한다. 그래서 영화는 찰스 브론슨이 뉴욕을 떠나면서 끝난다. 「데쓰 위시」 속편들의 배경은 로스앤젤레스 같은 범죄율이 높은 대도시이고, 그곳에서 그는 또 한번 시원하게 거리의 인간쓰레기들을 청소한다. 비록 속편으로 가면서 과도한 폭력 장면이 난무하고 작품의 질이 현저하게 낮아졌지만, 그래도 「데쓰 위시」는 미국 대도시 주민들의 열렬한 환영을 받았다. 이 영화가 히트한 이후 뉴욕에서는 한 지하철 승객이 자신을 흉기로 위협하는 강도를 총으로 쏘아 죽인 사건이 발생했는데, 당시 뉴욕시민들이 모두 들고 일어나 그 사람의 정당방위를 주장하기도 했다. '데쓰 위시'라는 말은 원래 '죽고 싶은 마음'을 의미한다. 사랑하는 아내와 딸을 잃은 브론슨은 처음에 '데쓰 위시'에 시달린다. 법이 그의 좌절과 분노를 전혀 해결해주지 못했기 때문이다. 결국 그를 지탱해주는 것은 오직 신속하게 정의를 실천하는 '거리의 복수'였을 뿐이다.

경찰폭력과 「더티 해리」

브론슨의 「데쓰 위시」와 비슷한 맥락에서 제작되어 공전의 히트를 기록한 영화가 바로 유명한 「더티 해리 *Dirty Harry*」다. 교과서대로 점잖게 행동하는 모범경찰관들과는 달리 피의자들을 난폭하게 다루어 '더티 해리'라는 별명이 붙은 해리 갤러한 형사(클린트 이스트우드 扮)는 약을 올리는 질 나쁜 악당을 총으로 쏜 다음, 그 상처를 발로 밟아 고통을 줌으로써 관객들의 스트레스를 풀어준다. 그는 영화의 마지막에 어린이들이 탄 스쿨버스를 납치한 범인(이러한 상황은 자연스럽게 미국인 관객들의 분노를 유발한다)이 쓰러진 채 총을 겨누자, 그 자의 얼굴에 매그넘 대형 권총을 겨누며 "어서 쏴 봐. 그래서 나를 즐겁게 해줘 봐(Go ahead, and make my day)"라는 유명한 대사를 내뱉는다. 자신의 총에 총알이 들어있는지 확신이 안 서는 범인은 결국 저항을 포기하고 해리에게 체포당한다.

그러나 「더티 해리」가 경찰폭력(police brutality)을 미화하고 있다는 비난 여론이 일기 시작하자 「더티 해리」의 속편은 방향 선회를 하게 된다. 그래서 「더티 해리」의 속편인 「매그넘 포스」에서 해리 갤러한 형사는 거리의 범법자들 대신 경찰 내부의 범법자들을 소탕하는 일을 맡게 된다. 새로운 부임지에서 해리는 경찰 내부의 비밀조직이 느슨한 법을 이용해 쉽게 풀려나는 악당들을 뒤쫓아가 살해한다는 사실을 알게 된다. 즉, 경찰이 천신만고 끝에 체포해 기소하면 법원에서는 피의자의 인권보호나 증거 불충분을 내세워 곧 석방하기 때문에 경찰들의 불만이 쌓여가고, 드디어 직접 그리고 신속하게 정의를 집행하려는 조직이 생겨난 것이다. 그렇지만 갤러한 형사는 그것을 또 다른 범죄행위로 규정하고 그들과 맞서 정면 대결을 벌여 승리한다. 범죄를 소탕하고 법을 집행한다는 그와 같은 단체나 결사들의 문제점은, 그것이 원래의 취지나 명분과는 달리 흔히 인종차별(대부분 범법자들이 가난한 소수인종들이기 때문에)로 이어지는 극우 이데올로기와도 연결되어 있다는 것이다. '더티 해리 시리즈'로 명명된 이 영화의 속편들은 모두 그와 같은 '법과 주먹의 문제'를 다루고 있고, 그렇기 때문에 범법자들에 대한 관대한 법 집행에 불만을 품은 관객들의 인기를 독차지했다는 점에서 특별한 의미를 갖는다.

개인의 자유와 권력기관에 대한 불신

    영국 케임브리지 대학 교수인 토니 태너(Tony Tanner)는 『언어의 도시 *City of Words*』라는 저서에서, "미국인들에게는 통제받지 않고 조건 지워지지 않는 삶에 대한 영속적인 꿈이 있다. 또 미국인들은 누군가가 자신들의 삶을 통제하고 조건화하려 한다는 영원한 두려움이 있다"라고 쓰고 있다. 과연 미국인들은 정부와 관청의 통제와 억압을 싫어한다. 유럽의 억압과 통제로부터 도망쳐 온 사람들이었기에 미국인들은 자유와 평등에 기초한 사회를 세웠고, 모든 형태의 통제와 불평등에 저항하는 기질을 갖게 되었다. 그래서 19세기 미국의 사상가 헨리 데이빗 소로는 후에 간디와 마틴 루터 킹에게 지대한 영향을 준 '시민불복종(Civil Disobedience)운동'을 주창했으며, "가장 적게 다스

리는 정부가 가장 좋은 정부다"라는 소신을 굽히지 않았다.

그래서 그런지 미국인들—특히 미국의 지식인들과 예술가들—에게는 정부와 관청을 불신하고 싫어하는 경향이 있다. 한국에서 외국작가들을 초청할 때도 유럽의 경우에는 서울의 각국 대사관에 부탁하면 되지만, 미국의 경우에는 개인적인 친분이나 에이전시를 통해야만 한다. 미국작가들은 만약 워싱턴 D.C.와 같은 관청에서 섭외가 들어오면 대체로 초청을 수락하지 않기 때문이다. 미국작가들은 예술이란 관청에서 관여해서는 안 되는 것이고, 만일 관에서 개입하거나 비용을 대면 정치적으로 이용당할 수도 있다고 생각한다. 독재국가에 초청을 받아 갈 때에도 그들은 혹시 주최나 후원이 독재정권의 하수기관이 아닌지 늘 조심하고 확인한다. 문학이나 예술은 기본적으로 억압이나 통제에 저항하는 것인데, 자칫 반대로 독재정권에 이용당할 수도 있기 때문이다.

미국에 문화부가 없는 이유도 아마 그런 맥락일 것이다. 프랑스에는 문화부가 있어 문화를 관장하지만, 미국에서는 정부가 아닌 사설재단들이 예술의 지원과 프로모션을 담당한다. 미국인들은 문화나 예술을 국가정책으로 지원하게 되면 예술가들과 작가들이 정부에 예속될 수도 있으며, 그 결과는 예술의 타락과 오염이라고 생각한다. 권력기관이나 정보기관에 대한 미국인들의 불신은 「X파일」이나 「컨스피러시」 또는 「에너미 오브 스테이트」 같은 영화들에서 극명하게 드러나고 있으며, 「이레이저」나 「미션 임파서블」 같은 첩보영화에서도 간접적으로 다루어지고 있다.

　재미있는 것은 관용여권으로 입국할 때 관(官)을 중요시하는 일본공항에서는 특별대우를 받지만(일본의 경우 단기체류시 관용여권 소지자는 입국비자도 필요 없다), 관을 존중하지 않는 미국공항에서는 전혀 특별대우의 대상이 아닐 뿐더러 오히려 때로는 의심의 눈초리로 바라보기도 한다는 것이다. 관용여권으로 유럽을 여행하면 출입국 관리들이나 세관원들의 태도가 부드러워질 때가 많다. 그러나 미국은 전혀 그런 것이 없다. 같은 서구국가들이면서도 유럽과 미국은 서로 다른 점이 많고, 같은 잣대로 잴 수 없는 문화적 차이가 많이 있다.

시스템의 통제와 억압,「마이너리티 리포트」

　보이지 않는 권력기관이나 정보기관에 의해 자신들의 삶이 통제당하고 있는지도 모른다는 미국인들의 악몽을 잘 드러내주고 있는 최근 영화로「매트릭스」「트루먼 쇼」「에너미 오브 스테이트」그리고「마이너리티 리포트」가 있다.「매트릭스」는 인공지능이 인간을 지배하고 있는 미래사회를 배경으로 우리의 현재 삶이 사실은 통제자들이 만들어놓은 꿈이나 가상현실인지도 모른다는 깨달음을 주는 영화다. 또「트루먼 쇼」는 우리의 삶이 사실은 텔레비전 방송사가 만들어놓은 세트이며, 누군가가 우리의 인생을 한 편의 드라마로 구경하고 있는지도 모른다는 인식을 제공해주는 섬뜩한 영화다. 그리고「에너미 오브 스테이트」는 우리의 일거수 일투족이 국가안보국 (NSA) 같은 정보기관에 의해 감시당하고 있는지도 모른다는 경각심을 불러일으키는 영화다.

스티븐 스필버그 감독의 「마이너리티 리포트 *Minority Report*」 역시 소수의견이 받아들여지지 않는 전체주의적 체제와 그러한 체제를 지탱해주는 종교적 신념에 대한 경고로 볼 수 있다 ('마이너리티 리포트'는 곧 '소수의견'을 의미한다). 영화 「마이너리티 리포트」가 보여 주는 2054년의 미래사회는 완벽한 통제사회다. 출입자들은 수정체 인식 시스템에 의해 신분이 확인되고 있으며, 워싱턴 D.C.의 '범죄예방국'에서는 수사관들이 아예 살인이 일어나기도 전에 현장에 출동해 살인미수범을 체포한다. 아직 범행을 저지르지도 않은 사람들을 또는 마지막 순간에 마음을 바꾸어 살인을 하지 않을지도 모를 사람들을 체포해 구금하는 데 수사관들은 추호의 거리낌도 회의도 없다. 세 명의 예지자(Precognitive)들이 미리 보여 주는 미래의 살인 장면에 대한 수사관들의 신념에 추호의 의심도 없기 때문이다.

수사반장 존 앤더튼(탐 크루즈 扮)은 6살 난 자신의 아들이 수영장에서 유괴 살해당한 후, 범죄예방의 필요성에 대해 절대적인 신념을 갖고 있다. 그는 그 범죄예방 시스템이 6개월만 더 일찍 시작되었어도 자기 아들 손이 그런 비극을 당하지 않았을 것이라고 생각한다. 앤더튼은 예지자들을 가두어놓은 장소를 '사원(Temple)'이라고 또 예지자들을 사제라고 부르며 자신들의 통제 시스템에 대해 거의 종교적인 신앙심을 갖고 있다. 그래서 그와 그의 부하들은 법무성에서 조사 나온 요원을 경계하고 미워한다. 자기들의 시스템에 오류란 있을 수 없다고 확신하기 때문이다.

그러나 어느 날 자기 자신이 미래의 살인범으로 지목되어 부하들에게 쫓기면서 앤더튼은 비로소 살인미수자가 실제로는 살인을 저지르지 않을 수도 있고, 예지자들이 보여 주는 영상도 얼마든지 조작이 가능하며, 또 세 사람의 예지자들이 보는 미래가 각기 서로 다를 수도 있다는 사실을 깨닫게 된다. 즉, 그는 이제야 비로소 세 예지자 중 한 사람은 '마이너리티 리포트'를 제출하기도 하며, 그것은 곧 인간은 외부의 간섭을 받지 않고서도 자신의 미래를 선택할 수 있다는 것, 그리고 인간을 통제하는 모든 시스템에는 언제나 오류가 있을 수 있다는 깨달음으로 확대된다.

서기 2054년, 그래서 범죄예방국은 폐지되고 인간의 미래를 통제하는 시스템은 막을 내린다. 범죄예방국 수사관들은 범죄를 예방한다는 미명하에 자신들이 세 명의 불쌍한 초능력자들을 가두어놓고 학대했으며, 자신들도 모르게 무고한 사람들을 체포했다는 사실을 깨닫게 된다. 범죄예방국장 역시 예지자인 딸을 데려가려는 어머니를 죽임으로써, 살인을 없애기 위해 살인을 저지르는 잘못을 범한다. 「마이너리티 리포트」는 이렇게 인간의 자유를 속박하고 통제하는 보이지 않는 시스템에 대한 미국인들의 두려움을 잘 나타내고 있는 영화다.

정부와 정보기관에 대한 불신, 「X파일」

「X파일 *The X-Files*」은 정부의 통제와 은폐 속에서 살고 있다고 생각하는 미국인들의 불안의식을 어두운 화면과 암울한 배경음악으로 담아내는 데 성공한 TV드라마이자 영화다. 국내에도 동호회가 있을 정도로 대단한 인기를 누리고 있는 「X파일」의 특징은 우선 그것이 이성과 논리와 과학으로는 설명되지 않는 비정상적이고 초자연적인 사건들을 다루고 있다는 데 있다. 그래서 「X파일」의 사건들은 언제나 미궁으로 빠지고 미해결로 끝난다. 그러나 시청자들이 매료되는 것은 아이러니컬하게도 바로 그 모호하고 불가사의한, 열려있는 결말이다. 왜냐하면 그와 같은 것이야말로 오늘날 우리가 겪고 또 목도하고 있는 현상이기 때문이다.

「X파일」은 '이 시대에 과연 우리가 믿을 수 있는 절대적인 진실이 있는가?'라는 의문을 끊임없이 제기한다. 그래서 이 영화에서는 모든 것이 보이지 않는 권력집단의 음모로 제시될 뿐 믿을 수 있는 것은 아무것도 없다. 예컨대 비행접시는 국방성이 새로 개발해 은폐하고 있는 신무기라는 설이 나오는가 하면, 외계인에 의한 납치 역시 미국정부의 음모와 연관되어 있고 외계인과 미국의 정보기관 사이에 모종의 거래가 이루어지고 있다는 설도 등장한다. 「X파일」에서 남자주인공 팍스 멀더는 모든 것을 의심하는 편집증적인 회의론자의 역을, 그리고 여주인공 대나 스컬리는 낭만적이고 몽상적인 멀더를 견제하는 이성과 논리의 대변자 역을 맡고 있다.

　그동안 시청자들은 멀더와 스컬리 사이에 왜 로맨스가 없느냐고 불평을 해댔고, 그 압력에 못 이겨 얼마 전의 한 에피소드에서 둘은 처음으로 키스신을 보여 주었다. 관객들은 미처 몰랐겠지만 그 둘의 키스는 곧 이성과 비이성, 그리고 경험과 직관의 화해를 의미했다. 그동안 멀더의 신비주의적 태도를 비판해오던 스컬리도 이제는 멀더의 주장을 믿게 된다.

　그리고 바로 그 순간 「X파일」은 세기말의 불안뿐 아니라 밀레니엄에 대한 기대와 희망도 함축하게 되었다. 이성과 경험을 축으로 하는 20세기 문명의 패러다임에서 비이성과 직관까지도 포용하는 21세기의 새로운 패러다임으로의 전환이 두 주인공의 상호 이해 속에서 드디어 이루어졌기 때문이다. 「X파일」의 제작자 크리스 카터가 만든 또 다른 연작 드라마의 제목이 「밀레니엄」이라는 것 역시 그의 관심이 세기말의 불안과 새로운 세기에 대한 기대에서 떠나지 않고 있다는 사실을 보여 주는 한 예증이 된다.

　최근의 「X파일」에서는 팍스 멀더가 외계인에게 납치당했다는 설정에 빠지고, 그 대신 「터미네이터 2」에서 T-1000사이보그 역을 맡았던 로버트 패트릭이 스컬리의 새 파트너 도겟 요원으로 출연해 X파일의 수사를 맡게 된다. 그런데 '천부의 능력(Gift)'이라는 최근 에피소드에서는, 아예 스컬리조차도 빠진 채 도겟 요원 혼자서 이야기를 이끌고 있어서, 「X파일」의 소재나 인재가 이제는 고갈된 것이 아닌가 하는 느낌을 준다. 더

구나 '천부의 능력'에서는 불치병에 걸린 사람을 통째로 삼킨 다음, 병을 흡수한 후 그 사람을 다시 액체로 토해내어 되살린 다는 허황된 내용까지 담고 있어서 「X파일」의 신뢰도는 점차 하락하고 있다. 그래서 제작진은 최근 외계인에게 납치당한 멀더를 귀환시켜 다시 멀더 중심의 에피소드를 만들고 있다. 그와 같은 변화에도 불구하고, 이 영화가 보여 주고 있는 미국 정부 내 권력기관과 정보기관에 대한 근본적인 불신은 조금도 변하지 않고 있다.

미국사회와 인종문제

미국이 짊어지고 가야 할 영원한 짐이자 악몽은 바로 '인종문제'다. 건국 초창기에 미국인들은 아메리카라는 신대륙에 낙원을 건설하려는 꿈을 갖고 있었다. 그런데 낙원을 만들려고 보니 두 가지가 필요했다. 하나는 낙원을 만들 땅을 원주민들에게서 빼앗아야만 했고, 다음으로는 그 땅을 경작할 인력이 필요해 흑인노예를 들여와야만 했다. 그래서 미국은 인디언들을 멸종시켰고, 흑인노예들을 착취하는 용서받지 못할 죄를 저질렀다. 그 결과, 낙원은 건설과 더불어 원죄로 오염되었고 미국의 꿈은 미국의 악몽으로 변질되었다.

그래서 미국인들은 지금도 그 죄의 업보를 짊어진 채 살고 있다. 예컨대 보호구역 인디언들의 음주와 알코올 중독, 그리고 흑인 빈민들의 실업과 범죄는 오늘날 미국사회를 위협하는 가장 심각한 문제 중 하나가 되고 있다. 그래서 미국영화는 인종문제를 다룬 영화들을 계속해서 만들어내고 있다. 예컨대 어느 날 흑인 약혼자를 데려온 딸 앞에서 혼란을 겪는 아버지를 다룬「초대받지 않은 손님」, 흑백남녀의 사랑과 주위의 편견을 그린 스파이크 리의「정글 피버」, 딸을 살해한 백인들을 죽인 흑인 아버지의 재판을 다룬 존 그리샴 원작의「어 타임 투 킬」또는 흑인에 대한 근거 없는 편견이 불러일으킨 한 마을의 대소동을 그린「흑백소동」, 흑인노예선의 폭동 재판을 다룬 스필버그의「아미스타드」, 그리고 1960년대 초 실제 있었던 인종차별사건을 스크린에 담은「미시시피 버닝」등은 모두 인종문제를 다룬 뛰어난 영화들이다.

인종문제를 직접 다룬 것은 아니지만 미국영화 ─ 특히 모험영화 ─ 에는 백인 주인공과 유색인 동반자가 같이 모험을 겪으며 우정을 쌓아나가는 경우가 많다.「실버 스트릭」「리셀 웨폰」「다이하드」「48시간」「베벌리 힐즈 캅」그리고「룰스 오브 인게이지먼트」「낫싱 투 루즈」「롱 키스 굿나잇」「마지막 보이스카웃」등 그런 영화는 이루 다 헤아릴 수 없을 만큼 많다. 그런 현상을 비평가 레슬리 피들러는, "현실에서는 불가능한 인종 간 화해의 꿈을 미국인들이 상상 속에서나마 이루고 싶어하기 때문"이라고 설명한다. 최근에는「아메리칸 드래곤」이나「베스트 오브 더 베스트」처럼 백인과 아시아인이 같이 나오는 영화들도 생겨났고,「러쉬 아워」처럼 흑인과 아시아인이 같이 등장하는 영화도 생겨나서 미국인들의 꿈은 그 폭이 점점 더 넓어지고 있는 것처럼 보인다.

물론 그러한 것들은 이루어질 수 없는 소박한 꿈일 뿐 현실에서는 불가능한 동화나 신화인지도 모른다. 비평가들은 백인과 유색인의 모험을 그린 미국 문학작품들이 대부분 아동소설로 분류되어 아이들의 서가에 꽂혀 있는 이유도 바로 거기에 있다고 말한다. 현실은 이상과 다르기 때문이다. 예컨대 현실 세계에서는 여전히 인종적 편견이 존재하고, 외국인을 지칭하는 영어 또한 '외계인'과 동의어인 '에일리언(alien)'이다. 특히 9.11 테러 이후, 외국인들에 대한 미국인들의 시선은 많이 달라졌다. 1980년대까지 외국인을 보면 반갑게 미소짓던 미국인들도 1990년대에는 무심해지더니 최근에는 아예 의심의 눈초리를 보내는 경우가 많아졌다. 또 일부 지역이나 일부 백인들에게서는 여전히 인종차별이 발견된다. 그럼에도 '인종 간의 화해'라는 불가능한 꿈은 문학과 영화 속에서 계속되고 있다. 미국이 그러한 자신들의 치부를 은폐하지 않고 문학과 영화를 통해 드러내고 고발하는 한, 인종문제를 극복할 희망은 있는 것처럼 보인다.

숙명의 파트너, 「흑과 백」 또는 「탈주」

1958년에 만들어진 흑백영화로 토니 커티스와 시드니 포이티에가 출연한 「흑과 백 *The Defiant Ones*」이라는 화제작이 있었다. 남부의 한 교도소에서 타 인종을 증오하는 백인과 흑인이 탈옥한다. 이 두 탈옥수는 수갑으로 서로 연결된 채 도망치는 동안 수없이 서로를 증오하고 다투는데, 그 과정에서 결국 서로를 이해하고 진정한 우정이 싹튼다는 내용이다. 특히 자신을 희생해 동료를 도망치게 하는 인종 간의 사랑으로 장식된 마지막 장면은 감동적이다.

「흑과 백」은 1996년에 「탈주 *Fled*」라는 제목으로 리메이크되었는데, 전자가 비극적인 드라마 장르였다면 후자는 희극적인 액션장르라고 할 수 있다. 그리고 두 인종이 탈옥하고 서로 수갑으로 연결되어 있다는 상황 설정을 빼면 두 영화의 스토리 전개는 아주 다르다. 「탈주」에서 남부 조지아 주의 교도소에 수감된 죄수 닷지(스티븐 볼드윈 扮)와 파이퍼(로렌스 피시번 扮)는 쇠사슬이 달린 수갑으로 서로 연결되어 있어 탈옥도 같이 하게 된다. 애틀란타로 숨어 들어가는 그들은 추적해오는 미합중국 연방보안관(미국에서는 탈옥수가 발생하면 연방보안관의 관할이 된다)들뿐만 아니라 인종적 편견으로 인해 자기들끼리도 끊임없이 싸우고 다툰다. 이 영화는 후반부에 마피아와 부패한 관리들까지 가세해 두 사람을 추적하면서 손에 땀을 쥐게 하는 고도의 액션을 보여 주지만, 그러는 동안에도 내내 두 인종 사이의 갈등과 충돌 그리고 이해와 화해에 대한 초점은 흐려지지 않고 있다.

이 영화가 암시하는 대로 오늘날 미국의 백인들과 흑인들은 서로에 대해 편견을 갖고 있지만 어쩔 수 없는 숙명적인 체인으로 연결된, 그래서 운명을 함께해야만 하는 존재들이다. 두 주인공이 겪는 각종 모험은 백인과 흑인(또는 유색인)이 살아나가면서 함께 겪는 여러 가지 삶의 질곡과 역경의 상징처럼 보인다. 「탈주」 역시 마지막 장면은 두 인종의 이해와 화해라는 감동적인 결말을 보여 주고 있다. 물론 현실에서 인종 간의 그러한 우정은 불가능할지도 모른다. 그러나 이 영화는 그럼에도 그러한 꿈은 계속되어야만 한다고 말한다. 그것이 바로 미국을 세운 건국 조상들이 원래 가졌던 '아메리칸 드림'이었기 때문이다. 오늘날 비록 순수했던 미국의 꿈은 악몽으로 변질되었지만, 꿈을 잃지 않는 사람들은 여전히 악몽에서 깨어나기 위해 노력하고 있으며 인종 간의 우정에 대한 꿈을 꾸고 싶어 한다. 미국영화는 미국인들의 바로 그러한 은밀한 바람을 늘 스크린에 담아 보여 주고 있다.

브루스 리 영화에 나타난 인종문제

브루스 리(이소룡)가 출연했던 영화들은 비록 무술영화이긴 하지만 많은 여성들의 사랑을 받았다. 그가 출연했던 「당산대형」 「정무문」 「맹룡과강」 「사망유희」는 남녀를 불문하고 모두 좋아하는 영화들이다. 그렇다면 과연 무엇이 브루스 리의 영화를 다른 저질 홍콩 무술영화들과 구별해주고 있는가?

우선 그의 영화에는 언제나 고향을 떠난 실향민들과 조국을 잃어버린 식민지인들의 슬픔이 짙게 깔려 있다. 영화 속에서 그들은 현지인들과 제국인들의 부당한 차별과 억압에 반발해 저항하고 투쟁한다. 예컨대 데뷔작인 「당산대형」에서 그는 돈을 벌기 위해 태국에 온 가난한 얼음공장 노동자로 등장한다. 거기서 그는 중국인 노동자들을 차별하고 억압하며 살해하는 태국인 공장장과 사장에 맞서 죽음의 사투를 벌인다.

「정무문」에서 그는 일제의 침략과 지배하에서 주권을 상실한 중국인들의 슬픔을 너무나 절실하고 실감나게 연기해낸다. 일본인들이 사부를 독살하자 일본 유학 중 급히 귀국해 공원 입구에 붙은 '개와 중국인들의 출입을 금함'이라는 인종차별적 팻말을 보고 분개하는 브루스 리의 비탄과 분노의 표정은 가히 일품이다. 그는 중국인들을 모욕하기 위해 일본인들이 보내온 '동아병자(東亞病者)'라는 현판을 깨뜨리고 일본인들을 때려눕힘으로써 제국주의자들의 억압과 차별에 정면으로 도전한다.

「맹룡과강」에서도 그는 로마에서 중국 음식점을 경영하고 있는 친척을 돕기 위해 이태리에 온 이방인으로 등장한다. 그곳에서 그는 중국인들을 괴롭히는 이태리인 갱단과 맞서 그들을 일망타진한다. 심지어는 그의 사후에 완성되어 별로 브루스 리 영화다운 맛이 없는 「사망유희」에서도 그는 중국인들을 조종하고 착취하려는 외국인들과 외지(外地)인 마카오에서 대결을 벌인다.

이와 같은 브루스 리 영화의 특징은 바로 그 자신이 미국에서 겪었던 인종차별에 근거하고 있다. 부친이 배우였으며 자신도 역시 아역배우였던 브루스는 뛰어난 연기력과 표정 그리고 탁월한 무술 실력으로 텔레비전 드라마의 단역을 맡았다가 제작자의 눈에 띄어 본격적으로 텔레비전 시추에이션 드라마인「쿵푸」시리즈의 주역을 맡게 된다. 그러나 자신이 구상했던「쿵푸」시리즈의 주역은 촬영 직전 데이빗 캐러다인이라는 미국인 배우에게 넘어가고 만다. 중국인을 주연으로 한 드라마는 성공할 가능성이 없다는 것이 제작회사의 견해였기 때문이다. 또한 미국인 아내였던 린다와의 결혼 역시 처가의 반대가 심했다. 비록 미국에서 태어났지만 소수인종이자 실향민의 슬픔을 맛볼 수밖에 없었던 브루스 리의 그와 같은 좌절과 분노는 이후 그가 출연하는 모든 영화 속에 면면히 흐르게 된다.

브루스 리가 미국을 떠나 자신의 뿌리인 홍콩으로 돌아가서「당산대형」의 주연을 맡게 된 데에는 바로 그와 같은 사연이 있었다.「당산대형」으로 그가 아시아에서 대성공을 거두자, 미국의 워너 브라더스사는 그에게「용쟁호투」의 주역을 제안한다. 한때는 텔레비전 드라마「쿵푸」의 배역을 거절했던 미국인들이 이제는 그에게 주연을 맡아달라고 부탁하게 된 것이다.「용쟁호투」는 국제적인 찬사 속에서 흥행에 성공했으며 브루스 리를 일약 세계적인 스타로 만들어주었다. 영화 잡지와 스포츠 잡지의 표지로 등장한 그는 이제 할리우드에서 가장 유명한 일류 배우 중 한 사람으로 부상하게 된 것이다.

그러나 브루스 리는「용쟁호투」의 개봉을 보지 못하고, 불과 32세의 젊은 나이에 갑작스러운 죽음을 맞음으로써 스페인의 영웅 엘 시드처럼 '역사 속에서 나와 신화 속으로' 들어갔다. 그의 죽음은 아직도 수수께끼로 남아 있지만, 의사들은 과도한 운동과 겹치기 출연에서 오는 과로의 누적으로 인한 뇌출혈이 궁극적인 사인이었을 것이라고 말한다. 물론 직접적인 요인은 죽기 전에 그가 복용했던 두통약의 부작용이었다.

영화 속에서 브루스 리는 자신의 실제 성격이 그랬던 것처럼 언제나 순진하고 수줍어하는 총각 역을 맡았다. 특히 여자 앞에서 수줍어하며 겸연쩍게 웃는 그의 미소는 이제는 중년이 된 많은 여성들의 가슴 속에 아직도 살아 남아 있다. 브루스 리는 영화 속에서 진지하고 심각하면서도 유머를 잃지 않았으며 슬픔과 비탄 속에서도 웃음을 잃지 않았다. 심지어는 시종일관 비탄에 차 있는 영화 「정무문」에서도 그는 가짜 전화공으로 변장해 코믹한 연기를 보여줌으로써 관객들을 즐겁게 한다. 그러나 불의에 맞서는 순간 그는 갑자기 터지는 순발력과 파괴력의 화신으로 그리고 고독한 전사로 변한다. 그는 언제나 혼자 악과 싸워 정의를 쟁취한다. 경찰은 싸움이 다 끝난 다음에야 요란하게 사이렌을 울리며 도착할 뿐이다.

요즘 젊은 세대는 시종일관 웃기는 재키 챈(성룡)을 더 선호하는 것처럼 보인다. 그러나 희극배우 재키 챈의 표정에는 브루스 리의 장엄한 비탄과 분노가 없다. 또 재키 챈의 주먹에는 브루스 리의 파괴력이 없다. 재키 챈은 파괴력 없는 주먹을 수없이 날리다가 실컷 얻어맞고는 그 큰 코를 감싸쥐고 도망간다. 그러나 우리는 맞고 도망치는 브루스 리의 모습을 상상할 수 없다. 상대방에게 공격당해 피가 나면, 브루스 리는 그 피의 맛을 본 다음 번개 같은 스피드로 두 배의 반격을 가해 적을 쓰러뜨린다. 바로 그 점이 두 사람의 차이이자 두 세대의 차이가 된다.

브루스 리는 죽었고 그의 시대 또한 역사 속으로 사라져 갔다. 그러나 전통적인 중국무술을 비판하고 자신의 고유한 무술인 지쿤도를 창안할 만큼 머리가 좋았고 독창적이었던 브루스 리, 그리고 스크린 속에서 전광석화 같은 동작과 엄청난 파괴력으로 시원하게 불의를 응징했던 브루스 리의 모습은 그의 짧았던 삶만큼이나 강렬하게 우리의 마음속에 각인되어 있다. 브루스 리의 그런 모습은 그가 인종차별의 피해자였기에 관객들에게 더욱 절실하게 다가온다.

타자에 대한 포용과 이해

영화 「타이타닉」의 최대 장점은 그것이 현대문명의 문제점과 반성을 집약적으로 보여 주었다는 데에 있다. 첨단 테크놀로지와 자만심에 도취되어 위험경고를 무시하고 항해하다가 빙산에 부딪혀 침몰한 호화 유람선은 우리가 살고 있는 세상의 상징이고, 선상에서 벌어지는 사건들은 금세기에 인류가 겪어온 여러 문제점의 은유적 표현이다. 예컨대 빈부와 계층의 갈등, 과학기술에 대한 과신, 지도자들의 오만과 오판 그리고 사회질서를 위협하는 상업주의와 선정주의 같은 것들이 바로 그것이다.

21세기를 살기 위한 필수 조건 중 가장 절박한 것으로 학자들은 '타자'에 대한 이해와 관용을 든다. 그래서 과거에는 단순히 '우리'와 '그들'을 구별해주던 '차이'가 이제는 타자의 가치를 상징하는 소중한 특성으로 존중받게 되었다. 즉, 문화적 차이를 상호 존중해주고 자기 중심적 시각이 아닌 상대방의 시각으로 사물을 보고 이해해야만 한다는 것이다. 침몰한 타이타닉 호에서 우리가 건져 올릴 수 있었던 것도 바로 그러한 '타자' 사랑이었고, 「콘택트」나 「제5원소」 같은 최근 영화들이 시도했던 것도 우리와는 다른 타자(외계)와의 진정한 교류였다.

그럼에도 불구하고 자기 중심주의와 '타자'에 대한 불신은 아직도 사라지지 않고 있다. 할리우드 영화들에서는 여전히 미국의 영웅들이 나서서 지구를 구원하고 있으며 인류를 위협하는 외계인들을 퇴치하고 있다. 심지어는 「에어포스 원」이나 「인디펜던스 데이」에서처럼 미국의 대통령까지도 직접 전투에 참가하여 영웅이 되기도 한다. 그래서 우리는 팍스아메리카나를 경계하고 비판한다.

그러나 자기 중심주의와 타자 불신이 어찌 미국영화에만 있겠는가? 우리 역시 그러한 편견에서 결코 자유롭지 못할 것이다. 한국영화에서도 지구를 지키는 영웅들은 한국인들일 것이고, 외계인들 역시 괴물로 묘사될 것이기 때문이다. 우리 영화 속에서 대통령인들 어찌 영웅으로 등장하지 않겠는가? 오히려 할리우드 영화 중에는 대통령을 비열하고 사악한 인물로 그린 경우가 많다. 우리 같으면 국가원수 모독죄에 걸릴 법도 한데, 예컨대 대통령이 정부(情婦)를 죽이고 사실을 은폐하는 경우(「앱솔루트 파워」)나 권력유지를 위해 테러와 살인을 방조하고(「긴급명령」) 전쟁 시나리오로 국민을 속이는 경우(「왝 더 독」)가 그것이다.

그래서 타자에 대한 비판은 언제나 조심스러워야 한다. 우선 자기 스스로에 대한 비판과 타 문화에 대한 충분한 이해가 선행되어야만 하기 때문이다. 세계는 이제 오랜 분쟁과 갈등을 끝내고 서로의 차이를 인정하고 존중하며 평화롭게 공존해야만 한다. 타 인종에 대한 편견이 없어지고 인종문제가 해결되는 것은 바로 그 순간이기 때문이다. 미국영화들이 부단히 인종문제와 타자에 대한 편견 문제를 다루고 있는 이유도 바로 거기에 있을 것이다.

변종인간과 정상인간의 화해와 공존

미국의 인종문제는 궁극적으로 우리가 언젠가는 같이 살지도 모를 변종인간 문제로 확대된다. 정상인간과 변종인간 사이의 갈등과 공존 문제를 통해 미국영화는 어쩌면 피부색이 다른 인종 간의 화해와 공존 가능성을 탐색하고 있는지도 모른다. 그래서 유전자 변형과 인간복제가 화제로 떠오르는 요즘 미국과 캐나다에서는 변종인간을 다룬 텔레비전 드라마나 영화가 많이 만들어지고 있다. 텔레비전 시추에이션 드라마인 「로즈웰」은 외계인이 불시착했다고 알려진 뉴멕시코 주 로즈웰을 배경으로 지구인의 모습을 한 외계인들과 실제 지구인들이 같이 살면서 벌어지는 사건을 다루고 있는데, 역시 궁극적인 주제는 우리와 다른 타자와의 화해와 공존이다.

또 최근 인기를 끌고 있는 「뮤턴트 X」는 보다 더 나은 인간을 만들기 위해 유전자 변형을 통해 실험실에서 제조된 변종인간들(mutants)이 선과 악의 두 파로 나누어져 싸우는 이야기로서 정상과 비정상 그리고 나와 타자에 대한 이해와 포용을 주제로 하고 있다. 이 드라마에는 각종 초능력을 가진 변종인간들이 등장하는데, 이들은 정상사회에서 받아들여지지 않아 숨어살면서도 자기네들끼리조차 패를 갈라 서로 싸운다. 이들 중에는 상징적인 이름인 아담이 이끄는 '뮤턴트 X'에 속해 좋은 일을 하는 변종인간들이 있는가 하면, 정부조직의 비호를 받는 악한이 이끄는 그룹에 속한 나쁜 변종인간들이 있다. 그리고 어디에도 속하지 않은 변종인간들이 나타나면, 그 두 조직은 서로 자기 편을 만들기 위해 노력한다. 동시에, 인간들 역시 변종들을 자신들에게 위협이 되는 존재로 여겨 발견하는 대로 말살하려고 한다.

또 다른 텔레비전 드라마인 「다크 엔젤」역시 변종인간 문제를 다루고 있다. 서기 2009년, 정부의 비밀기관인 멘티코어 (사람의 머리에 사자의 몸과 전갈의 꼬리를 가진 그리스 신화에 나오는 괴물)는 어린아이들을 데려다 유전자 변형을 이용해 슈퍼 전사로 만든다. 그 결과, 여자 주인공 맥스는 고양이과 동물의 유전자가 주입되어 전광석화 같은 동작으로 상대방을 제압하는 변종인간이 된다. 멘티코어에는 또 「닥터 모로의 섬」에서처럼 사람과 개의 유전자가 혼합된 변종 빈센트도 있는데, 그는 흉측한 외모 때문에 탈출한 후에도 밖에 나가지 못한다. 단순히 자신과 다르다는 이유로 타자를 괴물처럼 취급하는 인간의 편견을 고발하는 이 드라마는 인종문제가 심각한 미국사회에 최근 강력한 호소력을 발휘하고 있다.

최근 영화 「엑스 맨」 역시 변종인간 문제를 통해 인종문제를 성찰하고 있는 영화다. 유전자 변형으로 초능력을 가진 새로운 변종들인 돌연변이들이 생겨나자 인간들은 그들에게 위협을 느끼고 그들을 없애려고 한다. 그러자 급진적인 돌연변이들은 인간들을 적으로 간주해 해치게 되고, 온건파 변종인간들은 급진파에 맞서 정상인간과 변종인간과의 공존을 추구한다. '엑스 맨'이라 불리는 온건파 변종인간들은 찰스 자비에 박사의 지도하에 인간을 위해 일할 수 있는 교육을 받고, 인간과의 화해를 요청한다. 그러나 변종인간들의 초능력을 두려워하는 인간들은 그들과의 공존을 거부하고, 그들을 등록시켜 통제하려는 법안을 통과시키려 한다. 그렇게 해서 또 다른 미래형 인종차별이 생겨나는 것이다.

그러한 문제를 다룬 SF영화의 시초는 최초의 포스트모던 SF 영화로 알려진 리들리 스콧 감독의 「블레이드 러너」이다. 미래의 지구인들은 우주에서 노예로 부려먹기 위해 인간과 똑

같은 레플리컨트(복제인간)를 만든다. 그러나 인간과 구별이 안 되는 그들이 인간 속에 섞여 숨자, 수사관인 주인공(해리슨 포드 扮)은 그들을 하나씩 찾아내어 무참히 살해한다. 영화의 마지막에 마지막 레플리컨트는 해리슨 포드를 죽일 수 있는데도 죽이지 않고 대신 자기가 죽는 길을 택한다. 어쩌면 인간이 더 잔인하고 복제인간이 인간보다 더 사려 깊고 훌륭할 수도 있다는 것을 보여 준 이 영화는 타자와의 공존을 거부하는 현대인들에게 통렬한 문명비판을 가하고 있다.

제임스 카메론의 「터미네이터 2」에서도 사이보그는 인간을 위해 스스로 목숨을 끊음으로써, 기계인간인 사이보그가 인간보다 더 훌륭할 수도 있음을 보여 주고 있다. 아놀드 슈왈제네거가 그 역을 맡은 사이보그 101은 우리가 편견을 갖고 있는 타자가 사실은 얼마나 우리를 위하고 있으며, 타자에 대한 인간의 두려움과 편견이 얼마나 근거 없는 것인가를 잘 보여 주고 있다. 19세기 미국작가 허만 멜빌의 유명한 소설 『모비 딕』에서도 주인공 이스마엘은 전신에 문신이 새겨진 폴리네시아인 퀴켁과 한 방에서 같이 자게 되자 처음에는 극도의 두려움에 사로잡힌다. 그러나 그는 곧 퀴켁도 자신과 다를 바 없는 인간이라는 사실을 깨닫고, "내가 이 무슨 소동이란 말인가. 저 사람도 나처럼 인간이지 않는가. 내가 그를 두려워하는 것만큼, 그도 나를 두려워할 충분한 이유가 있지 않는가. 술 취한 기독교인과 자는 것보다는 차라리 술 취하지 않은 식인종과 자는 편이 더 나으리라"라고 반성한다. 미국영화와 문학은 이렇게 부단히 미국인들에게 인종차별과 인종적 편견의 문제점을 상기시켜주며 타 인종과 타자를 포용하라고 제안한다.

1960년대 미국의 문화비평가 레슬리 피들러(Leslie A. Fiedler)는 당시 등장한 신세대의 새로운 문화를 '새로운 변종(The New Mutant)'이라고 불렀다. 당시 보수주의자들은 자신들을 '스트레이트(Straight)'라고 불렀고, 진보주의자들을 '프리크(Freak)'라고 불렀다. '프리크'는 돌연변이나 기형아, 즉 '변종'을 의미한다. 그로부터 40여 년이 지난 지금, 우리는 복제인간과 유전공학을 통해 진짜 '변종인간'들이 생겨날지도 모르는 시대에 살고 있다. 단지 피부색이 다르다는 이유로 서로 증오하는 인간들이 과연 유전자가 다른 인종들과 더불어 살 준비가 되어 있는지, 미국인들은 이러한 영화를 통해 부단히 스스로를 점검하며 반성하고 있는 것처럼 보인다.

미국인의 가정관

미국인들은 가정을 사회의 축소판이나 소우주라고 생각하기 때문에 가정을 잘 다스리지 못하는 사람은 사회나 나라를 잘 다스리지 못한다고 생각한다. 빌 클린턴 대통령이 르윈스키 사건으로 곤경에 처했던 이유 중 하나도, 자기 가정을 제대로 지키지 못한 사람은 대통령 자격이 없다는 미국인들의 통념 때문이었다고 보아도 크게 틀리지 않는다(또, 한 가지 이유는 공직자의 윤리와 청렴결백을 중요시하는 미국의 엄격한 청교도주의 때문이다). 사실 미국에서는 얼마 전까지도 이혼경력이 있는 사람을 대통령으로 뽑지 않았다.

미국인들의 그와 같은 가정관의 근원은 서부개척시대에서 기인한다. 미합중국 정부가 서부개척을 위해 시행한 '홈스테드 액트(Homestead Act)'에 의해 서부로 이주해간 미국인들이 광야에 집을 지었을 때, 가장 우선적인 것이 바로 가정의 보호였기 때문이다. 언제 어디서 코만치나 아파치 같은 거친 아메리칸 인디언(지금은 인디언이라고 하지 않고 'Native American', 즉 '원주민 아메리카인'이라고 부른다)들과 백인 무법자들이 습격해와 약탈과 살육을 자행할지 모르는 상황에서 미국인 남성의 가장 시급한 임무는 가정의 수호였다는 것이다. 당시 그것은 순전히 개인적인 일이었고, 국가의 보호는 기대하기 어려웠다. 간혹 지나가던 기병대가 도와주는 경우는 있었지만, 거칠고 광활한 광야에서 당장 자신의 가정을 보호해야만 했던 미국인들에게 '국가'에 대한 개념이나 애국심이 자리할 공간은 그리 크지 않았다.

그래서 미국영화에서는 목숨을 걸고 외부의 위협으로부터 가정을 수호하는 남자들의 이야기가 많이 나온다. 그리고 그런 남자들은 가족들과 이웃의 영웅이 된다. 예컨대 「이중노출 *Kiss of Death*」은 자신의 가정을 파괴하려는 갱의 위협으로부터 자신을 희생해 가족들을 보호하는 데 성공한 평범한 그러나 영웅적인 남자의 이야기다. 1947년 빅터 마츄어와 리처드 위드마크가 주연해 화제를 모았던 이 영화는 미국인들의 사랑을 받아, 1995년 데이빗 카루소와 니콜라스 케이지가 주연한 현대판으로 리메이크되었다. 1947년 판의 마지막 장면에서 비록 주인공은 방탄조끼를 입고 있었지만 자신의 가족을 지키기 위해 가슴에 총탄을 맞는, 결코 쉽지 않은 결정을 한다. 이 상황에서 그에게 힘을 주었던 것은 미국인들이 가장 소중하게 생각하는 '가정과 가족의 보호'라는 가장(家長)의 의무였을 것이다.

안정과 평화를 찾아 헤매는 미국의 가정

험프리 보가트와 프레드릭 마치가 주연했던 1955년 작 흑백영화 「광란의 시간 *The Desperate Hours*」(윌리엄 와일러 감독) 역시 인질범들로부터 가정을 지키려는 가장의 노력을 그린 영화다. 탈옥수 글렌(험프리 보가트 扮)은 같이 탈옥한 동생 핼 그리고 동료 샘과 함께 교외의 어느 집에 들어가 가족을 인질로 삼아 경찰의 추적을 따돌린다. 그 집 주인인 댄(프레드릭 마치 扮)은 딸 신디와 어린 아들 랠피를 보호하기 위해 필사적인 노력을 기울이고, 결국 악당들을 물리치는 데 성공한다. 이 영화는 1990년 마이클 치미노 감독에 의해 컬러판으로 리메이크되었는데, 이번에는 미키 루크가 탈옥수 마이클 보스워스 역을 그리고 앤소니 홉킨스가 인질이 된 집주인 팀 역을 맡아 열연했다. 특히 현대판 리메이크에서 확연히 드러나지만, 악당들이 침입하는 집은 이미 가족 간에 문제가 있는 가정이다. 그렇다면 갑자기 외부에서 들이닥쳐 가정을 위협하는 탈옥수들은 어쩌면 가정의 위기와 수호, 그리고 가족들의 재결합을 상징하는 은유인지도 모른다.

미국영화에서 용감하게 나서서 가족과 가정을 지키는 것은 비단 남자뿐만은 아니다. 예컨대 최근 영화 「패닉 룸」(2002년도 작)에서 멕 알트만(조디 포스터 扮)은 새로 이사간 집에 침입한 삼인조 강도들과 맞서 처절한 사투를 벌이게 되고, 결국 딸과 가정을 지키는 데 성공한다. 강도들이 침입해 가정을 위협하는 시점이 바로 여주인공이 바람난 남편과 헤어져 딸 사라와 함께 새 집에 입주한 외로운 첫날 밤이라는 사실은 대단히 상징적이다. 그녀가 실제 한밤중에 당하는 사건은 마치 남편의 외도로 인해 가정의 위기를 겪고 있는 그녀의 심리상태와도 비슷하기 때문이다.

또한 「패닉 룸」은 가정의 평화를 잃은 사람들이 정착할 곳을 찾지 못하고 끊임없이 집을 찾아 헤매는 상황을 잘 묘사하고 있다. 영화의 첫 장면과 마지막 장면은 주인공 모녀가 남편과 아버지 없이 살아가야 할 집을 찾는 상황으로 처리되어 있다. '패닉 룸'은 비상시에 숨어들어가는 비밀의 방이다. 그러나 두 모녀가 위기의 순간에 숨어들어간 패닉 룸은 안전하지 못하다. 전화는 연결되어 있지 않아 외부와 단절되어 있고 먹을 것은 하나도 없으며 외부에서 가스까지 유입되는 그야말로 패닉할 수밖에 없는 '패닉 룸'이다. 그런 의미에서 「패닉 룸」은 오늘날 가정을 지키지 못한 미국인들의 불안심리와 위기의 순간에 의지하고 숨을 수 있는 진정한 패닉 룸－즉, 행복하고 안정된 가정－을 찾아 헤매는 외로운 사람들의 이야기라고 할 수 있다.

「리버 와일드」역시 결혼생활에 문제가 있는 동부의 부부가 여자의 고향인 서부에 와서 겪게 되는 위기와 모험을 통해 비로소 서로의 소중함을 깨닫게 된다는 영화다. 남편이 무능력하게 보여 사이가 벌어지고 가정의 위기가 발생하는 순간 여자(메릴 스트립 扮) 앞에는 능력 있고 매력 있어 보이는 남자(케빈 베이컨 扮)가 나타난다. 그러나 그 남자는 경찰의 추적을 피해 달아나는 탈옥수였고, 메릴 스트립 가족을 인질로 삼아 캐나다로 도망가려 한다. 위기의 순간, 메릴 스트립은 강인한 여인의 능력을 발휘해 악당을 처치하고 한때 위기를 맞았던 그들의 가정에는 평화가 회복된다. 이 영화에서 그들이 타고 여행하는 뗏목과 거친 파도는 바로 주인공의 가정을 위협하는 거친 세파의 적절한 은유가 된다.

「케이프 피어」도 흉악범의 위협으로부터 딸과 아내를 지키려는 법관의 노력을 그린 영화다. 1962년에 만들어진 흑백영화 「케이프 피어」에서 주인공인 변호사 그레고리 펙은 자신이 감옥으로 보낸 전과자 로버트 미첨이 출옥해 가정을 위협하자, 폭풍 속에서 그와 한판 대결을 벌여 그를 죽이고 가정을 구한다. 1991년에 리메이크된 「케이프 피어」에서는 변호사 닉 놀테가 자신 때문에 감옥에서 오래 복역한 로버트 드 니로가 출옥해 마침 자신과 사이가 서먹해진 아내와 딸을 유혹하자, 역시 폭풍 속에서 그와 격투를 벌여 전과자를 익사시킨다. 그리고 바로 그 순간, 가정의 평화는 회복된다.

최후의 상징적 보루, 가정

가정을 지키지는 못했지만 가족을 살해한 가정파괴범을 기어이 응징하는 미국영화도 많다. 「패트리어트」의 주인공 벤자민은 원래 미국의 독립전쟁에 반대했던 평화주의자였지만, 영국군 대령이 자기 큰아들을 살해하자 귀대하는 영국군 47명을 몰살한 다음 영국군이 두려워하는 최강의 민병대를 조직해 미국 독립전쟁을 돕는다. 그러나 그의 목적은 어디까지나 미국의 독립이 아니라 죽은 아들에 대한 복수이다. 리들리 스콧 감독의 「글래디에이터」 역시 폭군의 손에 가족을 잃은 한 남자의 처절한 복수극을 다룬 사극이다. 주인공 막시무스 장군이 깊은 상처와 열병 속에서도 기어이 살아남는 이유는 오직 자기 가족에 대한 복수를 위해서다.

전형적인 포스트모던 배우라는 평을 받는 윌리엄 허트가 주연하는 영화 「로스트 인 스페이스 *Lost in Space*」는 미국인의 가정관(家庭觀)을 잘 보여 주는 영화다. 이 영화의 주인공인 존 로빈슨 박사는 바쁜 일과로 인해 가정을 잘 돌보지 못한다. 어느 날 그는 아내 마리, 큰딸 주디, 작은딸 페니 그리고 아들 윌리엄과 함께 목성탐사를 떠나기로 한다. 아내 마리가 목성보다 가정이나 좀 챙기라고 하자, 로빈슨 교수는 "가정도 제대로 못 돌보는 사람이 어떻게 지구를 구할 수 있느냐는 거지?"라고 시니컬하게 말한다. 그 순간, 다시 한번 미국인들의 가정관이 드러난다. 미국에서는 자기 가족에 대한 책임을 다하지 못하는 사람은 결코 사회나 국가의 지도자가 될 수 없다는 것이다. 그래서 로빈슨 박사는 목성여행이 사실은 가족들이 살 곳을 미리 마련하기 위한 것이라고 변명한다.

드디어 지구로부터 10년이나 떨어진 우주여행이 시작되면서 로빈슨 가족은 온갖 모험을 겪게 된다. 우주의 대 모험을 시작하는 사람들이 로빈슨 가족이라는 설정은, 이 영화가 밀림 속에서 모험을 겪으며 가족끼리의 사랑과 유대를 돈독히 하는 유명한 영화「스위스 패밀리 로빈슨」의 현대판 패러디라는 것을 의미한다. 즉, 로빈슨 가족이 우주에서 겪는 각종 위기와 모험은 실제 그들이 겪고 있는 가정의 위기를 나타내주는 은유적 장치라는 것이다.

　그들이 탄 우주선 주피터 2호는 목성에 불시착하게 된다. 그리고 거기서 그들은 외계 생명체의 습격을 받아 승무원들은 다 죽고 선체는 고철이 된 우주선 프로메테우스 호를 발견하는데, 그것이 바로 불시착한 주피터 2호를 구조하러 온 미래의 우주선이라는 사실을 발견하고 경악한다. 불시착하면서 시간대를 가로질러 그들은 미래의 세계로 이동한 것이다. 현재와 미래(또는 과거와 현재)를 동시에 놓고, 이 영화는 로빈슨 가족의 상호 이해와 화해를 성취해낸다. 곧 폭발하려는 목성을 탈출하는 과정에서 자기 대신 전투기 조종사 웨스트 소령에게 조종을 맡긴 우주선이 가족들을 태운 채 공중 폭발하는 것을 목격한 로빈슨 교수는 타임머신을 타고 다시 과거로 돌아가 이번에는 자신이 직접 조종에 참여해 극적으로 가족과 우주선을 구해 지구로 귀환한다. 이 영화는 로빈슨 교수가 앞으로는 자신이 직접 나서서 가족의 안전을 지휘하고 책임지는 사람이 될 것임을 시사해주고 있다. 미국인들에게 가정과 가족은 이렇게 꼭 지키고 보호해야만 하는 최후의 상징적 보루인 셈이다.

가정에 대한 미국인들의 관심은 텔레비전 드라마에서도 여실히 드러난다. 예컨대 여성해방운동이 벌어져 가정이 위기에 처했던 1960년대에는 여성문제를 코믹하게 다룬 「마술에 걸리다 Bewitched」(1964~1972)와 「내 사랑 지니 I Dream of Jeannie」 (1965~1970) 같은 드라마들이 자작되었는데, 그 드라마의 마녀 여주인공들은 남성 권위주의 사회의 가정이라는 감옥에서 여성의 힘을 마법처럼 사용해 문제들을 해결하고 가정의 평화를 회복하는 '여성의 잠재적 힘'을 잘 보여 주고 있다. 또, 이혼가정이 늘어나던 1970년대에 이혼남녀가 각기 아이들을 데리고 재혼해 대가족을 이끌어가는 과정에서 발생하는 문제들을 역시 웃음으로 처리한 「브래디 번치 The Brady Bunch」가 인기였다. 1980~1990년대에 등장한 가족을 다룬 시트콤들도 역시 가족 간의 유대와 가정의 중요성을 강조하는 것들이었다. 예를 들어, 「결혼해서 아이들까지 있음 Married with Children」「코스비 가족 The Cosby Show」「가정의 개선 Home Improvement」 같은 것들은 모두 매 에피소드마다 가정의 위기와 그 해결을 통해 가정과 가족의 소중함을 깨닫는 드라마이다. 그리고 가정문제를 통해 미국인들은 궁극적으로 미국이라는 나라를 다각도로 조명한다. 미국에서 가정은 지역사회와 국가의 축소판이자 소우주로서 가장 중요한 사회단위가 되기 때문이다.

미국의 영웅

미국인들은 과장된 허풍이나 허장성세(bravado)가 아닌 진정한 용기(bravery)에 많은 찬사를 보낸다. 그들이 말하는 진정한 용기란 도전을 피하지 않고 당당하게 맞서는 것과 위기의 순간에 나타나 살신성인의 태도나 초인적인 힘으로 사태를 해결해주는 것이다. 그래서 미국의 아이들은 아무리 상대가 강해도 그가 부당한 짓을 하면 당당하게 맞서는 교육을 받으며, 미국의 영웅들 또한 평소에는 전혀 드러나지 않다가 위기의 순간에 혜성처럼 나타나 사태를 수습해주는 역할을 맡게 된다. 예컨대 클라크는 보통 때에는 평범한 신문기자로 일하다가, 오직 위기의 순간에만 슈퍼맨으로 변신해 사건을 수습하고 해결한다. 소극적이고 수줍은 청소년 피터 역시 평소에는 여자들의 주목을 받지 못하는 별 볼일 없는 사람이지만, 위기의 순간에는 스파이더맨이 되어 초인적인 능력으로 군중들의 감탄을 자아낸다.

그러므로 미국의 영웅은 군중들 사이에 위장한 채 숨어 있다가 위기의 순간에만 나타난다. 그리고 위기가 해결되면 그는 다시 위장한 채 군중 속으로 사라진다. 미국의 영웅은 상존하는 것이 아니라 필요할 때에만 나타나는 것이다. 비평가 레슬리 피들러는 "슈퍼맨을 창조한 사람은 유태계 미국인이었고, 그래서 유태인들의 메시아적 비전이 슈퍼맨에는 투영되어 있다"고 말한다. 즉, 위기의 순간에 메시아가 나타나 유태인들을 구원할 것이라는 메시아 사상이 미국문화와 결합해 슈퍼맨이나 스파이더맨 또는 아이스맨이나 원더우먼 같은 미국의 영웅 캐릭터들을 만들어냈다는 것이다.

미국의 영웅들은 또 언제나 고독하다. 특히 만화에서 탄생한 미국의 영웅들은 자신과 가장 가까운 사람에게도 자신의 비밀을 털어놓지 못해 오해 속에서 늘 외롭게 산다. 그러다 보니 자기가 좋아하는 여자가 자신의 또 다른 정체(곧 초인)를 사랑하는 것을 보고도 그게 바로 자기라고 말하지 못하는 괴로움을 겪기도 한다. 그렇기 때문에 슈퍼맨이나 스파이더맨은 자신들의 정체성에 대해서도 고뇌한다. 예컨대 슈퍼맨은 원래가 외계인이어서 지구인 여자와 결혼하면 초능력을 잃게 되고, 거미와 인간의 합성체인 스파이더맨은 끊임없이 "나는 누구인가?"라고 반문한다.

만화 캐릭터가 아닌 현실 속 미국의 영웅들 역시 주위의 도움 없이 홀로 위기를 극복한다는 점에서 여전히 외로운 사람들이다. 예컨대 「하이 눈」의 게리 쿠퍼(윌 케인 役)는 주위의 냉대와 오해 속에서 홀로 악당들과 맞서 마을을 구해내며, 「다이하드」의 브루스 윌리스(존 맥클레인 형사 役) 역시 거대한 빌딩에서 테러리스트들에 맞서 혼자 고독한 싸움을 벌인다. 서부영화에서도 미국의 영웅들은 언제나 고독한 이미지로 제시된다. 「역마차」의 존 웨인, 「황야의 무법자」의 클린트 이스트우드, 또 「와이어트 어프」의 케빈 코스트너는 모두들 영화 속에서 한없이 외롭고 고독한 사나이들로 나온다. 1940년대와 50년대에 외로운 사립탐정이나 터프가이로 출연해 미국 중년들의 사랑을 한몸에 받았던 험프리 보가트의 이미지도 '고독한 남자'였으며, 1950년대 미국 젊은이들의 영웅이었던 제임스 딘이나 몽고메리 클리프트 역시 고독의 극치를 보여 주는 사람들이었다. 심지어는 실베스터 스탤론이 열연해 1980년대 미국인들의 영웅이 되었던 '람보'나 '록키'도 사실은 극도로 고독한 영웅이었다.

때로 미국의 영웅은 죽음을 무릅쓰고 모험을 떠나 자신의 뜻을 이루는 사람으로도 제시된다. 그러한 경우에 영웅은 무사히 모험을 마치고 살아 돌아올 수도 있고, 모험 도중에 죽을 수도 있다. 중요한 것은 주인공의 영웅적인 불굴의 의지다. 최근 영화 「퍼펙트 스톰」에서 거대한 파도를 헤치고 전진하는 빌리 타인 선장 역을 맡은 조지 클루니는 비록 살아 돌아오지는 못하지만, 불굴의 의지를 가진 전형적인 미국의 영웅이라고 할 수 있다. 세상을 거친 세파가 몰아치는 바다라고 볼 때 「퍼펙트 스톰」은 인간의 삶과 풍파 그리고 그 역경을 헤치고 나아가는 영웅적 사나이들의 불굴의 의지를 그린 영화라고 할 수 있다.

영웅과 평범한 인간 사이의 경계 해체

그러나 영웅시대가 사라지고 보통 사람들의 시대가 되면서, 최근에는 미국의 영웅도 평범한 보통 사람으로 바뀌고 있다. 예컨대 더스틴 호프만의 「리틀 빅 히어로」는 영웅이 되는 과정이 사실은 얼마나 우연이 작용하고 또 사실이 과장되는지를 패러디한 영화다. 우연히 영웅이 되는 사기꾼과 그 영웅 자리를 가로채는 또 다른 사기꾼, 그리고 선정적인 것만을 추구하는 황색언론의 이야기를 통해 이 영화는 이 시대 영웅의 허상을 코믹하게 그러나 통렬하게 고발하고 있다.

007을 패러디한 최근 영화 「트리플 X」도 보통 사람과 영웅의 차이를 없애는 특별한 영화다. 평범한 스턴트맨 젠더는 어느 날 미 국가안보국(NSA)의 기브슨 요원에게 강제 차출되어 체코에서 첩보 업무를 수행하게 된다. 트리플 X라는 코드네임으로 불리는 주인공에게 '조국을 위한 비밀임무'라는 것은 웃기는 개념일 뿐이다. 그의 관심은 프라하의 범죄조직 '아나키 99'에서 만난 소련 첩보원 옐레나에게 가 있고, 그는 조국보다는 그녀를 위해서 범죄조직을 일망타진한다. 말쑥한 정장을 하고 나타나 영국 악센트로 자신을 소개하는 신사이자 '여왕 폐하의 007'인 제임스 본드와는 달리, 트리플 X는 전신에 문신이 새겨진 대머리 펑크족 스타일에 거칠고 경박한 미국영어를 지껄이는 사람이다.

이 영화에서 트리플 X는 많은 것들의 경계를 해체한다. 예컨대 그는 영웅과 보통 사람, 첩보원과 민간인, 영화배우와 스턴트맨 사이의 경계뿐 아니라 흑인과 백인, 어른과 아이 사이의 경계도 해체한다. 그런 의미에서 그는 자유(진보)주의자다. 영화의 초반부에서 그는 캘리포니아 주 상원의원의 코르벳 차를 훔쳐 박살내는데, 그 이유는 팝뮤직과 비디오게임에 반대하면서 자신은 스포츠카에 젊은 여자나 태우고 컨트리클럽이나 돌아다니는 그 보수주의자의 잘못된 신념과 위선을 참을 수 없었기 때문이다. 젠더는 또 미국 정부나 국가안보국에 대해서도 코웃음을 친다. 「007」영화의 마지막은 대개 새로운 임무를 부여하는 상관의 호출로 끝나고, 여자와 즐기고 있는 제임스 본드는 결국 그 부름에 응해 다음 편이 만들어진다. 그러나 「트리플 X」는 기브슨 요원의 호출에 "웃기고 있네"라고 답한다. 그가 따뜻한 보라보라의 해변에서 미 국가안보국의 다음 임무의 호출에 응한다는 보장은 전혀 없다. 그에게는 제임스 본드식의 애국심이 전혀 없기 때문이다. 미국의 영웅은 오늘날 이렇게 변해가고 있다.

맺는말

　미국영화는 이렇게 미국인들의 특성과 다양한 삶의 양태를, 그리고 매 시대 미국의 사회와 문화를 다각도로 반영하고 있다. 그러므로 미국영화를 재미로만 보거나, 문화제국주의 상품으로 치부해 거부하기 전에, 미국을 알고 또 연구해볼 수 있는 흥미 있는 자료로 이용해 보는 것도 좋을 것이다. 우리는 흔히 미국문화를 비판적으로만 보거나 아니면 무조건 매료될 뿐 균형 잡힌 시각으로 보지 못하는 것처럼 보인다. 그런 사람들에게 미국영화는 미국문화를 포괄적으로 고찰할 수 있는 좋은 텍스트가 된다. 미국영화의 구체적 분석과 사례연구를 제시한 이 책이 아무쪼록 미국문화에 대한 올바르고 균형 잡힌 이해를 갖는 데 도움이 되기를 바란다.

영화로 보는 미국 할리우드 영화의 문화적 의미

펴낸날	초판 1쇄 2003년 6월 30일
	초판 6쇄 2010년 5월 25일

지은이	김성곤
펴낸이	심만수
펴낸곳	(주)살림출판사
출판등록	1989년 11월 1일 제9-210호

경기도 파주시 교하읍 문발리 파주출판도시 522-1
전화 031)955-1350 팩스 031)955-1355
기획·편집 031)955-1395
http://www.sallimbooks.com
book@sallimbooks.com

ISBN 978-89-522-0103-4   04300